世界不是這樣的

劉香成 口述
武雲溥 編著

劉香成

目錄

序・壹

講故事的另一種方式

劉香成

「世界不是這樣的」是這本書的名字，它旨在適時地提示不同地方的人們，在傳統意義上對世界的理解，同真實的世界之間常有偏移。

1976 年，我第一次踏入香港外國記者俱樂部，它那時還坐落在海邊的壽德隆大廈中，1982 年之後才移到了如今的下亞厘畢道。我以一個西方記者會成員的身份踏入那裏，有些情景給我留下了非常有趣的回憶，也讓我產生了很複雜的情感。

在那裏，我告訴我的西方同事們，中國內地的生活是怎樣的；在那裏，各國記者們交換在報道當時的越南戰爭和之後的阿富汗戰爭中發生的奇聞異事。那裏是中國前總理朱鎔基在國際媒體上發表講話的地方；也是在那裏，我看到了簽證被拒的西方攝影師們備感無奈的面孔。

大多數時候，那裏是 1949 年後從重慶轉移到香港的外國記者俱樂部，是一個西方記者經常聚集起來喝酒、聊天、吃飯的場所，也是駐港的許多外國領事、外商和香港政府官員常去的地方，因為後者很願意同國際記者們交流。在這個場所裏面，許多西方記者多年來都在報道中國的崛起，那是自二十世紀末到二十一世紀初這段時間內，全世界目睹的最宏大的一個故事。我的職業身份是攝影記者，但我並不僅僅使用相機來報道中國。我同各種各樣的人談話，從各種官方或民間的管道獲知資訊，這些都幫助我思考，應該讓甚麼樣的場景進入攝影師的鏡頭。有些資訊，對我思考攝影的話題也很有啟發性。

在這個場所裏，我也曾召開過幾本新書的發佈會，我在那裏發表講話，並帶着一種複雜的心情回答關於中國的問題。當中國的現實已經超越記者和會員們可以理解的範圍，或者使他們迷惑時，我總是能感知到這種氣氛，並對提問者產生同情。這些提問的「中國通」在一系列廣泛議題上都保持「中國懷疑論」，我沮喪地聽着他們説的話，看着他們的臉，感到非常無奈。因為關於中國，我無法簡單地給任何人一個乾脆明瞭的答案，關於這個地方的闡釋角度，遠比生活本身更加寬泛。

我們都曾經或多或少發現，中國人喜歡宣稱這個擁有全世界最多人口的國家有多麼獨特，但卻很少能夠和其他國家的人共同探討普世價值的真正意涵。中國傳統的儒家思想裏面，其實就存在普世價值，然而我們很少見到對於這一議題，公開地、從社會或學術的角度進行討論，這等於將話語權拱手相讓給了西方國家。我知道很難和西方的媒體同事去爭辯，現代中國是如何選擇性記憶自身歷史的事實。但是，我知道在中國有相當多的受過良好教育的人不認為普世價值惟屬西方。甚至有時當我聽到一些令人難以置信的觀點時，我會感受到非常大的文明的衝突。這些觀點顯然並不能夠反映各自的價值觀，但當它們符合某種歐美主流敍事方式時，聽上去就如同真的一樣。

也有些人認為中國已經恢復了它佔據世界文明中心的位置，這時我們更加有必要再去想想這樣一個現實狀況：對於以西方為主的外部世界而言，中國的價值尚不明確。大部份西方人提到中國，還是想到「長城」、「春卷」或「揚州炒飯」，他們幾乎很少考慮到中國傳統文化中的儒家思想。在西方知識分子的思想體系當中，「中國是世界文化中心之一」的論述，或者提出中國人常説的「國人被欺凌和蒙受了百年屈辱」的敍事，其實產生了尷尬的矛盾。這和中國當下的情況也是不相符的。

我曾經在美國、歐洲和亞洲多個國家生活和工作過，對我來説，有兩件事令我費解：一是為甚麼西方世界富有的精英階層，對中國的了解是如此之少；二是為甚麼被派遣去報道美國的中國精英記者，對華盛頓中心之外的美國人民的生活興趣寥寥，對諸如國會議員競選這樣的政治選舉關注度如此之低，或只關注結果而不解釋過程。這就是今天中國與西方世界彼此觀察的現狀——大家都選擇性關注一部份事實，而忽略另外一部份事實。與此同時，億萬中國人選擇出國旅行，中國的父母們正在把他們的孩子送到歐美最好的大學裏學習。

如今孔子學院開到了很多西方國家，許多中國老師被派遣去國外執教，他們的責任是傳播中國文化。而我知道一位愛丁堡大學的教授曾抱怨説，中國老師似乎對旅遊的興趣遠大於對教學的興趣。我職業生涯中的很多年時間都在為世界主流媒體工作，清楚地知道傳播的重要價值。如果想要贏得尊重，中國的故事應該選擇更容易理解、更有吸引力、更有市場的表述方式。我們所共同生活的世界，並不僅僅有經濟統計數據和 GDP 的增長。我們越早理解和做到「會講故事」，中西方的交流才會越暢通。相對於社會經濟發展，中國對外「講故事」的能力，還普遍顯示出「赤字」。因為中國的「外宣」，很多時候與其「內宣」不謀而合。

基於以上論述，我希望《世界不是這樣的》這本書，可以幫助更多人理解攝影，以及我通過攝影想要表達的對這個世界的看法。

2021 年 2 月，香港

序•貳

講故事的某種契機

武雲溥

2008 年春天，我第一次見到劉香成先生，是在北京一間專賣英文原版圖書的書店。劉先生用投影幕展示他拍攝的一些照片，主要是關於中國在上世紀八十年代初期的社會圖景。他緩慢地講述拍攝這些照片的經歷，我坐在聽眾群裏，有點恍惚。

當時我看到的照片來自劉香成的攝影集《毛以後的中國》，這本書 1983 年由英國企鵝出版社出版，但它的中文版直到 2009 年才面世。我和劉先生見面的 2008 年春天，空氣中瀰漫着躁動不安。幾乎每個中國人都知道，北京即將首次舉辦奧林匹克運動會，但我想當時沒有人可以預知，這場盛會如何深刻地改變了中國。

我當時為具有廣泛影響力的《新京報》工作，報社正在策劃紀念改革開放三十週年的系列報道。我向劉先生發出採訪邀約，他愉快地答應了。我們約了一天時間，在他緊挨着故宮的四合院裏喝茶聊天。作為 1976 年到 1983 年這段特殊的變革時期，在中國工作的極少數外國媒體攝影記者之一，劉先生是談論改革開放的合適人選，他本人也是一位富有魅力的故事講述者。

但一篇數千字的文章，遠不足以講述劉香成的故事。他曾經是《時代》週刊和美聯社的攝影記者，在全球五個不同國家駐守工作，還獲得過代表新聞業至高榮譽的普利策獎。我們結識的時候，他又已經做過了時代華納集團和新聞集團的高管，操辦了諸如《財富》全球論壇首次落地上海這樣的重要活動。在我眼中，劉香成是對中國人講述「世界是怎樣的」那個人，他又總是同外國人爭論「中國不是你們想的那樣」。我猜他肚子裏不光裝滿了故事，還裝滿了對中國與西方彼此誤會深重的遺憾。

於是我建議劉先生寫本書，好好講故事。他作為攝影家出版過很多種畫冊，但是我們都知道「功夫在詩外」，圖片之外的經歷與思考，才是決定作品藝術價值的根本。2008 年劉先生給我的答覆是「現在還不到時候」，又過了十年，他說「是時候了」。

我們在泰國普吉島上閉門談話一個禮拜的時間，之後又在上海和北京做了多次補充訪談。劉先生講述了他和很多人的故事，我發現這本書仍然只能選擇其中的一部份呈現給讀者。這説明講故事的契機，就像拍照片按下快門的那個瞬間一樣重要。《世界不是這樣的》這本書用第三人稱敘述，但它是屬於劉先生的個人史——在 2008 年我第一次書寫劉先生的故事時，《新京報》發稿的欄目就叫做「個人史」。我很喜歡這個欄目名稱，聽起來很小，實際上很大。而世界看起來很大，實際上很小。一個人的故事，和他拍攝的照片，就把世界切下來不大不小的一塊斷片——可能並不像你以為的那樣。

2021 年 2 月，北京

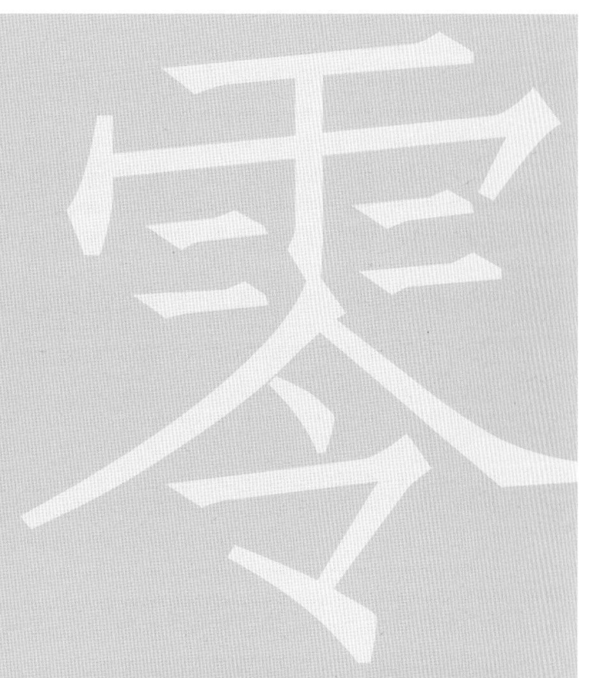

莫斯科・紅旗降落

1991 年 12 月 25 日，莫斯科當地時間下午三時許，湯姆·詹森（Tom Johnson）來到克里姆林宮。

他是美國有線電視新聞網（CNN）的董事長兼總裁。在克里姆林宮，CNN 的工作人員正在忙着調試設備，為幾個小時後一場舉世矚目的電視現場轉播做準備。

從 1917 年列寧領導的「十月革命」開始，到 1922 年蘇聯正式成立，再到 1991 年的這個耶誕節，紅色旗幟已經在克里姆林宮上空飄揚了七十四年。只有少數人知道，再過幾個小時，紅旗就將降下，不會再升起。兩天前在這裏的一次密會上，蘇聯總統戈爾巴喬夫與將要取代他的俄羅斯總統葉利欽已經達成協議，前者將面對全世界發表講話宣佈辭職。戈爾巴喬夫原本希望蘇聯紅旗可以等到 12 月 31 日夜裏再降下，在 1992 年的新年完成權力交接。但葉利欽沒有那樣的耐心，事實上，他已經是克里姆林宮的新主人了，接管最高權力只剩下一些必要的程式。戈爾巴喬夫心灰意冷，通知黨內掌管意識形態的幕僚雅科夫列夫（Alexander Yakovlev），自己將於 12 月 24 日夜間發表電視講話。雅科夫列夫曾任蘇共中央宣傳部部長，他建議戈爾巴喬夫再推遲一天，不要讓西方觀眾在平安夜因為爆炸性新聞驚掉下巴。

另一個原因是，這個時候的雅科夫列夫，已經控制不了蘇聯的宣傳系統了。國家電視台裏全是葉利欽的人，雅科夫列夫只能請美國人來幫忙，所以在 12 月 25 日這一天，CNN 的人扛着攝像機，在克里姆林宮的紅毯上跑來跑去，看上去好像主場作戰。美蘇兩個超級大國之間持續近半個世紀的冷戰，即將以一方人員進入另一方的首都核心，幫忙發佈新聞報道而結束。當然，蘇聯國家

前任俄羅斯領導人葉利欽在 1991 年政變時期組織群眾支持戈爾巴喬夫。

電視台的轉播團隊也在場準備現場直播，CNN 拿到的是在蘇聯境外轉播戈爾巴喬夫辭職演講的獨家特許，並且獲准在演講之後專訪這位卸任的蘇聯總統。

湯姆・詹森環視四周，攝像機已經架好，但還缺點甚麼。他撥通了劉香成的電話。

「劉，今天晚上你有沒有事情？」

這是來自 CNN 總裁的詢問，雖然聽起來很隨意，但是劉香成知道，必有大事。他回答：「沒事。」

「那好，你可以來克里姆林宮，咱們晚上七點鐘。」湯姆・詹森說。

⁂ ⁂ ⁂

劉香成（Liu Heung Shing）是美聯社派駐莫斯科的首席攝影記者，一位個子小小的華人，從事這份工作總是需要隨身攜帶超過一百公斤重的攝影器材，有時包括衛星電話，奔走在全世界各種匪夷所思的地方。來到莫斯科之前，他已經在中國、印度、韓國以及亞洲中南部地區工作了十幾年，這些地方對美國人而言帶有動盪和神秘的氣息。在阿富汗喀布爾，劉香成報道蘇聯撤軍，長達十年的阿富汗戰爭讓蘇聯元氣大傷，加速了這個紅色帝國的土崩瓦解。1990 年初，美聯社總裁路易斯・博卡迪（Louis Boccardi）決定派劉香成前往莫斯科，劉僱用國際貨運公司幫他搬家，家當中有一件巨大的紅木鴉片床，是他八十年代在中國收藏的古代傢具。在此後多年堪稱顛沛流離的職業生涯中，這張鴉片床跟着劉香成輾轉全球，每次都讓搬家工人大費周章。這一次，鴉片床從韓國漢城（現名首爾）裝船起運，到德國漢堡的港口上岸，再用卡車一路運到莫斯科。蘇聯對外關係部為外國記者提供的公寓是寬大但老舊的樓房，劉香成住在十一層。七八個健壯的波蘭搬運工面對鴉片床叫苦不迭，劉香成見狀，趕快開車到莫斯科市內一家丹麥人開的超級市場，買了兩箱啤酒回來請工人們喝完，大家一鼓作氣把大床搬上樓。在這棟外交人員居住的建築物的每個房間，牆壁裏都裝滿了竊聽器。

接到湯姆·詹森的電話後，劉香成趕到美聯社在莫斯科的分社，通知同事們準備開工。文字記者艾倫·庫珀曼（Alan Copperman）表示願意和劉香成一起前往克里姆林宮。兩人趕到那裏時已近傍晚，CNN 的工作人員在蘇聯警衛陪同下，拿着通行證把他倆接進去。聞風而來的其他國家媒體記者估計有上百人，因為沒有通行證，只能等在克里姆林宮的另外一個廳裏。劉香成感到驚訝的是，就連蘇聯官方的塔斯社記者，都沒有被邀請參加這次重要的報道。

一走進戈爾巴喬夫即將發表講話的房間，劉香成就在尋找位置，他已經明白當晚的重頭戲。對於攝影記者，站位至關重要。房間裏有很多人，一半是負責電視轉播的工作人員，一半是克格勃。在戈爾巴喬夫即將發表講話的那張桌子正對面，巨大的三腳架支撐着一台巨大的老式電視攝像機。劉香成穿一件棉大衣，挎着相機走過去，坐到了三腳架下方。

就是這裏了，最佳位置。

旁邊一個克格勃表情嚴肅地對劉香成説，等下是現場直播，你的相機快門聲音會影響電視直播，所以不要拍照。

劉香成嘴上答應着，好好。心裏想的是，這可能是見證一個時代的結束。

蘇聯作為世界兩個超級大國之一，改變了二十世紀，使世界分為資本主義和共產主義兩大陣營。長達半個世紀的冷戰即將在眼前畫上休止符，如此重要的歷史時刻，怎麼能不拍照呢。

但問題是怎麼拍？甚麼時候拍？晚上七點整，戈爾巴喬夫出現在劉香成對面幾米遠的桌子後面，開始發表最後的演說。他手裏的講稿有四頁紙，時間轉瞬即逝。「親愛的同胞們，朋友們：鑑於最近獨立國家聯合體已經形成的局面，我宣佈辭去我作為蘇維埃社會主義共和國聯盟總統的職務。」戈爾巴喬夫的新聞秘書格拉切夫記得，演講開始的時候，戈爾巴喬夫的聲音有點顫抖，他心情的複雜可想而知。

「國家已經到了它能力的極限。」蘇聯總統説，「所有的嘗試和許多不完全的改革，相繼以失敗告終。這個國家正在失去它的判斷力。我們不能繼續這樣，一切都應該被根本地改變。」

攝像機發出低沉的電流聲，時間一分一秒地過去。三腳架下面，劉香成已經計算好了快門和光圈的參數，他悄悄撥動手中相機的旋鈕。大國解體的時刻，末代領導人的辭職演講，再沒有哪一個瞬間，比戈爾巴喬夫講完話放下講稿時，更具有難以描述的歷史意義。劉香成決定抓住這一瞬間。很顯然，站在身後的克格勃一直對這個拿着相機的小個子保持警惕，拍照片的機會如果有，也僅有一次。1/30 秒——劉香成估算，如果快門慢過 1/30 秒這個數值，就很危險，因為畫面要抓住的是一個動作，太慢了抓不住，畫面裏的人和他手中的講稿可能都是模糊的。但是要拍出紙張下墜的動感，快門也不能太快。箇中分寸，要靠攝影師憑經驗拿捏。在膠片攝影時代，照片沖洗出來之前，誰都不敢

1991 年 12 月 25 日，前蘇共總書記、蘇聯國家主席米哈伊爾．戈爾巴喬夫向全國電視直播宣佈辭職後放下演講稿。

保證成功。稍有不慎，就會功虧一簣。

決定性瞬間到來之前，劉香成深吸一口氣，屏住呼吸，以免手指發顫。攝影師總要適應複雜的拍攝環境，過硬的技術和心理素質都很重要。

「一些錯誤完全可以被避免，很多事情可以做得更好。」戈爾巴喬夫的演講接近尾聲。「但是我確信或早或晚，我們共同的努力會有結果，我們的國家會成為一個繁榮而民主的社會。」戈爾巴喬夫看着前方的鏡頭説出最後一句話：

「謹此向各位致以我最美好的祝福！」劉香成舉起相機。

身後的克格勃特工舉起拳頭。

戈爾巴喬夫身體微傾，手裏的稿紙落向桌面。

咔嚓。

一個時代結束了。

地球的另一端，喬治・布希（George Herbert Walker Bush）總統乘坐空軍一號，從戴維營飛往華盛頓。美國東部時間 12 月 25 日晚九時，布希總統在白宮也發表了電視講話，長達七分鐘。「祝美利堅合眾國的所有公民聖誕快樂。」布希説，「過去四十年中，美國帶領着西方世界對抗共產主義，這種鬥爭改變了所有美國人的生活……現在，對抗結束了。東歐自由了，蘇聯不復存在。」

布希同時宣佈，美國承認葉利欽領導的俄羅斯，成為蘇聯國際地位的繼承者。

戈爾巴喬夫扔掉講稿的這張照片，第二天幾乎覆蓋了全世界各大媒體的頭版頭條。由於對蘇聯解體的出色報道，劉香成和他的美聯社同事們擊敗世界新聞業諸多同行，榮獲 1992 年的普利策現場新聞攝影獎，和美國海外新聞俱樂部柯達獎。對於新聞業者，普利策獎是至高榮譽，但是當時按下快門的劉香成，只想着趕快離開克里姆林宮。

他後背上挨了一拳，惱怒的克格勃特工用俄語低聲吼道：「我叫你不要拍！」CNN 總裁湯姆·詹森站在大廳一角目睹了整個過程，他關切地盯着劉香成。劉香成用眼神向詹森示意自己沒事，克格勃這一拳的警告意味，要大於實際的威力。

這時台上的戈爾巴喬夫需要簽署辭職令，卻突然發現鋼筆不出水，場面一時有點尷尬。湯姆·詹森反應很快，掏出身上的一支萬寶龍圓珠筆，走過去遞給戈爾巴喬夫——這支筆是詹森的妻子送給他的結婚二十五週年禮物。

戈爾巴喬夫有點遲疑地接過筆，問：「這是美國產的？」

詹森回答：「不，是德國人製造的。」

二戰期間，德國軍隊曾經一度打到莫斯科郊外。蘇聯紅軍浴血奮戰，最終反攻柏林，徹底擊敗希特勒。交戰雙方都付出了慘痛代價，蘇聯紅軍傷亡超過兩千萬人，還有四百多萬人被俘。二戰之後形成了美蘇兩個超級大國爭霸的格局，直到蘇聯總統接過美國人遞來的德國產圓珠筆，在結束冷戰的文件上簽下名字。

戈爾巴喬夫埋頭簽字的時候，劉香成又拿起相機按了幾下快門，他知道這已經無關緊要。最重要的那張照片已經拍下，戈爾巴喬夫扔下講稿的影像印在黑暗的膠片上，成敗未知。劉香成現在急着想回去沖洗底片，他太想知道這張關鍵照片拍得怎麼樣，決定放棄接下來旁觀戈爾巴喬夫接受 CNN 專訪的機會。

戈爾巴喬夫簽完字，所有人起立。劉香成對文字記者艾倫·庫珀曼説了聲自己要先走，就往門口跑。門衛大感詫異，如此重要的場合怎麼會有人提早退場。「他們攔着不讓我出去，急得我把學過的幾句俄語全部用盡。我説我要回去，我要發稿。」

過了二十多年，劉香成仍對那晚的遭遇記憶猶新。國家已經不復存在了，克里姆林宮的守衛可能也無心堅守崗位，他們放劉香成出門，門外是鋪着紅地毯的長長走廊，劉香成抱着相機一路狂奔。這條走廊差不多有兩百米，跑到走廊盡頭轉過彎來，他看到門外黑壓壓的人群。

全世界都在關注此時此地，數以百計的各國記者都在門外焦急等待，他們看到劉香成一個人抱着相機跑出來。

「Fuck You ！」門外的記者們紛紛向劉香成比出中指。很明顯，在這場新聞搶奪戰中，只有一個勝利者。

劉香成繼續狂奔。他跑到克里姆林宮外面，看到紅場上，蘇聯的鐮刀錘子紅旗緩緩降落，俄羅斯的白藍紅三色旗正在升起。劉香成開上自己的車，加速趕往美聯社辦公室。他鑽進暗房一通忙碌，直到看到膠片上顯現出清晰的影像，劉香成才長出了一口氣：膠片上的戈爾巴喬夫全身定格不動，只有他手裏落下的紙，呈現出虛邊的動態。

唯一的時機，最理想的結果。

❈ ❈ ❈

前蘇共總書記、蘇聯國家主席米哈伊爾·戈爾巴喬夫在蘇維埃人大代表會空座位席上宣佈蘇聯解體。

自二十世紀七十年代以來，作為攝影記者的劉香成，用鏡頭記錄下許多耐人尋味的瞬間。在中國、美國、印度、韓國、阿富汗、蘇聯，有些故事是宏大的，比如領袖的離去、帝國的崩潰、戰爭與革命的爆發；有些故事是細微的，就像平民換上了性感的新裝，明星卸下了驕傲的妝容。歷史好像總是「恰巧」選中了劉香成，讓他在正確的時間，正確的地點，出現在大事件發生的現場。普利策新聞獎表彰了劉香成的工作成就，而他內心對於世界的困惑並未消除。在早年出版的兩部最重要的攝影集裏，劉香成試圖用照片發問：那些宏大的敍事和微小的生活，誰才擁有穿越時間的力量？《毛以後的中國》（*China After Mao*），人們在領袖的影子下漸漸學會振臂飛翔；《蘇聯：一個帝國的崩潰》（*USSR: The Collapse of an Empire*），蘇聯億萬人曾經吶喊的革命信仰化作虛無。一切堅固的煙消雲散，一切柔弱的迎風生長。

數十年後，劉香成於 1997 年回到中國，回到一切開始的地方，講述一個少年漫長的冒險，和他偶然又必然闖入的現場。

香港・福州・香港・紐約

少年子弟江湖老。走遍世界之前，劉香成童年的願望，只是戴上一條小小的紅領巾。

劉香成的外叔公是清末任職郵傳部尚書的陳璧。郵傳部成立於光緒三十二年（1906），清政府在預備立憲的前提下改革官僚系統，把全國的船政、路政、電報、郵政等事務合併歸郵傳部管理。福州人陳璧是任期最長的郵傳部尚書，在這一職位上工作了一年零八個月，他的政績包括收回京漢鐵路的運營權，創辦交通銀行，以及使用福建馬尾船廠的部份經費為慈禧太后修建頤和園。

劉香成小時候見過家中的老相片，上面有穿着軍服的外公，陳家很多人當年都在清王朝的郵政、海關、船廠等機構做過事。劉香成的姐姐後來告訴他，家裏還曾經保存着修造頤和園石船畫舫的賬本，不過在「文化大革命」到來時，這些史料都付之一炬。

劉香成的父親劉季伯是湖南邵陽人，家裏沒甚麼錢，他的少年時代，中國軍閥混戰，劉季伯跟着一位軍官當秘書。軍官提供資助，讓劉季伯得以繼續讀書。他後來在蔣介石的福建國民政府裏謀得職位，其間還有過在學校教書的短暫經歷。

在學校裏，劉季伯愛上了一位女學生陳偉雯。兩人成婚時，陳家送給新婚夫婦一座宅院，取名益香亭。這座位於福州的大宅有着典型的南方園林風格，亭台草木，錯落有致。在劉香成的童年記憶裏，院子裏有棵頗大的龍眼樹，夏季滿院飄香。

劉季伯在任職福建國民政府「訓練團教育長」的時候，他的同僚、主管財政和建設部門的嚴家淦就住在劉家隔壁。嚴家淦在 1949 年後跟隨蔣介石去往台灣，並在蔣介石死後接掌大位，成為台灣地區的最高領導人，不過三年後他又把權力轉交給了蔣介石的兒子蔣經國。

劉季伯沒有去台灣，而是舉家遷至香港。1951 年 10 月，劉香成在香港出生，排行第六，是劉季伯夫婦最小的孩子。

1953 年，母親帶着劉香成返回福建。劉季伯認為，英國人治下的香港雖然較之同時期的內地要繁榮一些，但終究是個歷史短暫的海邊漁村，他相信小孩子還是應該接受更多的中國傳統教育。這一年 9 月 3 日，駐守福建沿海的人民解放軍開始向海峽對岸的金門開炮，史稱「九三炮戰」。針對島上軍事設施的炮擊到 1958 年演化成例行公事的「單打雙不打」——每逢單日，解放軍開炮，金門島上的國民黨軍隊隱蔽在防禦工事內；每逢雙日，國民黨軍隊開炮回擊，解放軍則偃旗息鼓。如此循環往復，斷斷續續竟有二十多年，直到 1979 年元旦，兩岸終於停止相互炮擊。金門島上積累的海量彈片，當地居民用來鍛造菜刀，金門菜刀與高粱酒一起成為這裏有名的土特產。

福建成為新生的政權防範國民黨「反攻大陸」的戰略前線。1957 年，在隱約可聞的隆隆炮聲中，劉香成入讀福州鼓樓一中小學。這所小學位於福州軍區大院北門，是福州的重點小學，學生大多是軍隊幹部子弟。劉香成的母親則在一所幼稚園當園長，他們又搬回益香亭大宅。不過這座院落在名義上已經充公，不再是劉家的私產。母親帶着劉香成住在後院，前院則陸續住進來很多人。院子大門口的右邊角落放了一口棺材，最早住進前院的一戶人家姓周，周家的女人擔任這條街道的居委會主任。共產黨建立了深入基層、密如蛛網的行政系統，「街道」與「鄉鎮」同屬鄉一級政權。不過街道辦主任並沒有多大權力，

劉香成外叔公陳璧（左一）接見駐清朝美國公使、八國聯軍美軍統帥查飛將軍（Adna Romanza Chaffee）（左二）。光緒年間十三省欽差錢幣大臣、郵傳部尚書陳璧當時任順天府尹（相當於北京市長），他創建了如今的交通銀行。

劉香成童年在福州與母親陳偉雯合影

1997 年，劉香成與孩子劉安和劉鵬在長城。

人們也沒有甚麼私人財產，人民公社按照各家的人頭和從事集體勞動獲得的「工分」分配口糧，每人每月二十四斤到三十六斤糧食不等。很多大人小孩都營養不良，從脖子到小腿出現浮腫。1956 年底到 1957 年初，新華社報道稱，全國九十六點三的農民已經加入農業生產合作社。1957 年 11 月，《人民日報》社論提出「大躍進」的口號。毛澤東相信，共產黨將會帶領全國人民，用十五年甚至更短的時間，在主要工業產品的產量方面趕上並超過英國。但這一宏偉目標並未實現，1959 年到 1961 年，中國大陸出現了嚴重的饑荒，成百上千萬人因此喪生。*

劉香成沒有捱餓，在香港的父親會定期寄錢回來，還有華僑人士專用的「僑券」，實際是一種外匯券。福建僑胞很多，城裏有專門面向僑胞供應糧油副食品的商店，麵包、黃油都可以憑僑券買到。在福州西湖的邊上，就有一家可以使用僑券購物的專賣店。而社會上總體還是物資匱乏，普通居民要拿着糧票、布票，去供銷社購買有限的生活必需品。

有一次街道裏殺了一頭豬，附近居民都排着隊去買豬肉。劉香成也去排隊，分豬肉的人看他年紀小，特意分給他二兩肥肉。母親告訴劉香成，因為平時吃飯缺乏油水，油膩的肥肉比瘦肉更珍貴。還有一次，劉香成看到院子裏支起一口大鍋，街坊鄰居煮了一大鍋魚湯，但鍋裏其實只有一條小魚。劉香成的母

---

* 程恩富、詹志華：《三年困難時期非正常死亡人口及其相關問題研究》，《人口研究》2017 年第 2 期）推斷，1959-1961 年三年困難時期非正常死亡人數可能為 400-500 萬人。李成瑞：《「大躍進」引起的人口變動》，《中共黨史研究》1997 年第 2 期，頁 1-14）估算 1958-1963 年「非正常死亡」2,200 萬人。中共中央黨史研究室編著《中國共產黨歷史（第二卷）》，2011 年 1 月中央黨史出版社）統計 1960 年全國總人口比上年減少 1,000 萬。

親寫信給在香港的劉父，描述內地的生活狀況，詢問是否應該考慮搬回香港。

宅院裏住得並不安穩，有段時間兩岸炮擊猛烈，學校停課，劉香成跟着母親搬到鄉下暫住。那個地方名叫蘇阪，是閩侯郊外的村莊，也是陳璧的老家。陳璧任郵傳部尚書時，陳家在蘇阪無人不曉。劉香成的母親陳偉雯還保留着鄉紳望族的做派，遇到村裏的乞丐和家貧的鄉親，會本能地施捨些零錢糧食。夏天的夜晚，劉香成舉着燈籠到處抓田雞，房子周圍有大片的芭蕉樹，隨風搖曳。

鄉村生活寧靜而短暫，在福州鼓樓一中小學念書的幾年時間裏，劉香成時常感到惶惑焦慮。同學們大部份是根正苗紅的解放軍後代，劉香成則像是個出身「地主」家庭、有着「複雜海外關係」的異類。共產黨憑藉槍桿子奪取政權之後，又通過土地改革運動，把數百萬地主掌握的土地收歸國有。出身好壞，成為衡量一個人方方面面的重要標準，比較好的出身是軍人、幹部、工人、貧下中農和革命烈士的子女，他們被稱為「紅五類」。與之相對，出身較為不好的則是「黑五類」：地主、富農、反革命分子、壞分子（犯罪分子）和右派（主要是知識分子）的後代。這種對階層身份的打量無處不在，例如學校裏，學生成績單上除了考試分數，還有一欄叫「政治表現」，五分為滿分，劉香成永遠只能拿到三分。老師告訴學生們，積極參加學校組織的勞動，可以提升政治表現分數。每個星期都會有一到兩天是勞動日，小學生們在老師的帶領下奔向田野，撿拾地上散落的石子，據説這些石子收集起來可以用來鋪設鐵軌。有時集體勞動的內容是打蒼蠅，因為 1958 年 2 月，中共中央、國務院聯合發出《關於除四害講衛生的指示》，號召全國人民動員起來消滅老鼠、麻雀、蒼蠅、蚊子四種有害生物。劉香成拚命撿石子、打蒼蠅，用火柴盒裝滿自己消滅的蒼蠅屍體交給老師。但無論他多麼努力勞動，「政治表現」還是三分。

共產黨重視全國人民的政治教育，小學生也被納入「組織」，即少先隊——少先隊章程説明，「中國少年先鋒隊是中國少年兒童學習共產主義的組織，是建設社會主義的預備隊，中國共產黨委託共青團直接領導少先隊」。少先隊員的標誌是紅領巾，高級別的少先隊員可以成為「大隊長」，肩膀上會有「三道槓」，這就是一個中國大陸的小學生可以獲得的最高政治榮譽。

不要説「三道槓」，就是紅領巾，劉香成也沒資格佩戴。他不能加入少先隊，那些部隊子弟也不願和他一起玩。無須明言，大家雖在同一所學校就讀，卻不是同一類人。「這種身份的焦慮，會透到骨頭裏面。」劉香成説，「小時候我只是不明白，為甚麼好像我只要站在那個集體裏面，就不如別人」。

剛到香港時，劉季伯的職業是為《星島日報》執筆寫社論，這張報紙是南洋華僑富商胡文虎於 1938 年創辦的，除了香港，還同時在北美、歐洲和澳洲等地發行。胡文虎出身中醫世家，靠研製「虎標萬金油」發家，有東南亞華僑首富之稱。1949 年 10 月 1 日，毛澤東登上天安門城樓舉辦開國大典，宣告新政權成立。《星島日報》發表一篇報以熱誠期望的社論，題為《春天來了》，這篇社論的作者就是劉季伯。

其後數年，劉季伯又陸續供職於《新晚報》《循環日報》。《循環日報》的創辦人之一是著名出版家林藹民，他也是當初建議劉季伯來香港的人。《循環日報》滙聚英才，國民黨智囊、曾經當過李宗仁和白崇禧秘書的程思遠，1949 年後也住在香港，給《循環日報》寫專欄文章。還有民國時著名作家曹聚仁，一度就坐在劉季伯對面的桌子辦公。1960 年《循環日報》停刊，後改名《正午報》。劉季伯又轉去《大公報》，編輯國際新聞。在香港站穩腳跟後，劉季伯終於決定，把在福州的母子倆接回香港生活。

1960 年，劉香成即將離開鼓樓一中小學，遷往「資本主義社會」。校方特別召開全校師生大會，在學校操場上，劉香成登上主席台，老師當眾為他戴上一條紅領巾。那天回家時，劉香成一路感覺飄飄然，彷彿完成了一場成人禮。

✣ ✣ ✣

上世紀五六十年代，社會階層的區分方式，在內地是看家庭出身，在香港則是看此人住在哪裏。以豪宅雲集的半山區（即中環延伸到太平山頂這一黃金地帶）為例，英國人住在山頂，往下住的依次是港英政府裏的少數華人高官和買辦富商。第一次鴉片戰爭後，清政府與英國簽訂《南京條約》，香港成為日不落帝國在遠東的殖民統治地之一。1841 年，英國皇家海軍軍官查理・義律（Charles Elliot）率軍從水坑口登上港島，他放眼望去，只見滿目荒涼，所以香港最初被英國人稱為「barren rock」（光禿的岩石）。

英國人擁有豐富的殖民地統治經驗，一面通過開埠通商，讓香港逐步利用獨特的地理優勢獲得經濟發展，成為遠東地區最繁忙的港口；另一面，香港的小學、中學到大學，使用的多是英國人編寫的教科書，培養年輕人站在歐洲的角度看待世界。英國政府派來管理香港的官員，很多是從不遠處的另一大殖民地印度抽調過來。這些高級公務員集中住在太平山頂，俯瞰着維多利亞港。多年以後，美聯社把劉香成派到印度作為特派員工作，他更深入了解了英國人統治殖民地的方式，不禁慨嘆。英國治理印度三百多年，只需要派去一千多名官員。很多優秀的英國作家，都曾經努力去考英國外交部的印度司，那真的是一個高效率的管理機構。

劉香成家住在灣仔皇后大道東，此地距中環不遠，高樓大廈林立。劉家住的就是大廈高層的公寓，大廈底層多是茶餐廳和酒吧。一九六零年代，美國人深陷越戰泥潭，香港是美軍放假休閒的地方。無論白天黑夜，在大廈電梯間，劉香成都能看到在酒吧喝得醉醺醺的美國大兵，摟着吧女上樓開房。

劉香成讀的是一間天主教會開辦的中學，每天早晨開課前，神父帶領學生們祈禱，在胸前畫十字。而同一時刻，一河之隔的內地學生們則是把「紅寶書」按在胸口，對着毛主席的畫像宣誓效忠。十幾歲的劉香成在適應一個全新且迥異的環境，他要同時學習英語和粵語，並在課餘時間外出打工。劉季伯鼓勵兒子更多接觸社會，他告訴劉香成，與內地不同，在香港的課外勞動，可以理所當然地獲得一點酬勞。

暑假裏，劉香成扛着箱子往山上走，他的工作是幫小商店送貨。住在山頂豪宅的人打電話過來，店主接到電話，就差遣劉香成出動。「原來可以這樣。」劉香成想，如果在山的另一邊，這種商業服務行為無疑會被定義成「剝削」。但這裏是香港，貿易自由，言論自由，生活方式也自由。亂世浮華之地，一切遊戲規則皆有不同。

內地學校的歷史課本，把香港被英人割據，稱為「百年恥辱」。香港這邊則盡力避免提及鴉片戰爭之類過往，教導市民專心務工或是經商，爭做律師、會計和醫生。劉香成在學校裏面，仍然搞不清楚自己的身份，他應屬香港的新移民，但周遭同學只當他是「大陸仔」。有一年夏令營，負責訓導學生的英國軍官對劉香成他們説：「我們皇家軍隊保護香港穩定，絕對沒有問題，解放軍打不過來。」

1966 年 5 月 16 日，中共中央政治局擴大會議通過了《五一六通知》，「無產階級文化大革命」全面發動。毛澤東説：「天下大亂，達到天下大治。」狂熱的紅衛兵運動席捲全國。不過國務院負責港澳事務的廖承志指示，不要在香港發動「文化大革命」。1967 年 1 月，廖承志被紅衛兵奪去權力。周恩來讓廖承志搬進中南海居住，與外界隔離。香港底層民眾也有戾氣積壓，1967 年 5 月，左派工會策動了對抗港英政府的「六七暴動」，造成五十餘人死亡，其中包括十名警員。參與運動的工人們也學着紅衛兵的樣子，手持「紅寶書」上街遊行，在港督府門外貼滿大字報。風暴一直鬧到年底，周恩來向香港左派直接下令，才叫停了「反英抗暴」。

「我想，共產黨一些領導人可能覺得內地已經夠亂了，香港是僅剩的窗口，如果搞亂，沒有好處。」劉香成説，「文革」期間，父母也會帶他回到內地探親。劉香成有三個姐姐兩個哥哥，大姐在廈門，二姐和兩個哥哥在福州，三姐在廣州。通常在春節期間，全家人會從各地趕赴廣州，這是大家庭難得的聚會。

1969 年這次探親，劉香成一家拿着廣東省僑辦開具的介紹信，住進了當時廣州最好的華僑飯店。到了夜晚，從房間往窗外看去，整個廣州城只有闌珊的燈火，和漆黑奔流的珠江水。

劉香成走進華僑飯店裏的理髮店，見理髮師傅目光嚴厲，盯着他上下打量。劉香成渾身不自在，找到椅子坐下。理髮師傅大喝一聲：「站起來！」

劉香成騰地跳起，納悶道：「站起來幹甚麼？理髮不是要坐下嗎？」理髮師傅繼續大喝：「跟着我唸！」然後面向牆上貼着的《毛主席語錄》。

劉香成只好跟着一句句唸。

「革命不是請客吃飯，不是做文章，不是繪畫繡花，不能那樣雅致……」

街上的飯館裏是另一番景象：人頭攢動，桌桌爆滿，吃飯要排隊等位。劉香成一家好不容易等到一張桌子，在「為人民服務」的大標語下面坐下來。服務員拿着一大把筷子過來，「嘩啦」扔在桌上。菜單上一共沒有幾個菜，服務員一副「就這些愛吃不吃」的傲慢神情。這些景象，對劉香成未來解讀中國的各類社會事務，都產生了深刻的影響。

有時回鄉，當地統戰部和僑辦的幹部聞訊，會請劉香成一家人吃飯。劉季伯因為那篇著名的社論《春天來了》名震鄉里，被視作香港進步華僑、報人的代表，回鄉探親時，政府自應款待。劉香成跟着父親參加此類宴請，注意到幹部們也很開心，「文革」期間忙於階級鬥爭，幹部們吃到一頓像樣飯局的機會也並不多。一些幹部明顯是年輕面孔，老幹部們有時會低聲告訴劉季伯，某某人是「坐着直升飛機上來的」——表示此人是造反派，由於在鬥爭中打倒了掌權的老一輩官僚而火速上位。說這些話的時候，他們顯然暫時放下戒備，把劉季伯當自己人。還有些時候，他們又會意識到眼前是「外面世界來的客人」，幹部們會小心翼翼地向劉季伯打探，香港那邊情況如何。

很多問題難以口頭表達，劉香成漸漸養成了觀察周圍人們肢體語言的習慣。人的衣着打扮，舉手投足，都在對外界傳遞資訊。他還沒有意識到，這樣察言觀色的本領日後會派上甚麼用場。上世紀六十年代中期的廣州，遞一支香煙就可以託人辦很多事情。劉季伯拿出香港帶來的刮鬍刀片，贈送給幹部們以表謝意，這在當時可是令人驚喜萬分的禮物。

1969 年 7 月的一天，劉季伯從報館下班回家，悶悶不樂。太太陳偉雯問他怎麼了。劉季伯哼了一聲，説：

「美國人都登上月球了，我們報紙竟然不可以報道這件事。」

此前八年裏，美國宇航局對準月球連續發射了十架無人飛船，反覆測試，終於讓「阿波羅 11 號」載人飛船成功登月。宇航員阿姆斯特朗在月球表面小心翼翼地踩出一個清晰的腳印，美國媒體稱之為「人類飛躍的一大步」，而以蘇聯為首的社會主義陣營對「美帝國主義的科技進步」嗤之以鼻。在香港，毛澤東畫像已經掛在了中環中國銀行大廈的外牆上，作為「進步報紙」，《大公報》的報道口徑也要與北京保持一致。

劉季伯是國民黨員，香港報館裏很多知識分子都是國民黨，比如還有一位福州來港的軍官陳孝威，同劉季伯也相熟。陳孝威畢業於保定軍官學校，後來加入白崇禧的部隊，做過中將旅長。1936 年，陳孝威脱下軍裝，到香港創辦了《天文台報》，成為名噪一時的戰略預言家。他在 1938 年發表文章説，德國必將對蘇聯開戰，而蘇聯將會出兵中國東北，對日本宣戰。陳孝威還喜歡寫信給各國政要，如邱吉爾、羅斯福等，陳述他對世界形勢的看法，但沒人知道這些領導人是否給他回信。劉香成跟着父親去過陳孝威在銅鑼灣的家中拜訪，印象中他是個仙風道骨的老先生，滿口大道理。

劉香成的二舅則是共產黨，而且是早年東渡留學早稻田時，在日本入的黨。回國後，二舅在上海《大公報》工作，繼而成為銀行家。1949 年後，英國是第一個承認中共政權的西方國家，國民黨敗退台灣時也在香港留下很多資產，港英政府要把其中部份資產移交給共產黨，劉香成的二舅就以中國銀行系統內某個經濟研究所代表的身份去到香港接收資產。二舅住在跑馬地，有大房子和專職司機，二舅母是安徽人，廚藝精湛，劉香成常去品嚐她的手藝，包括她的拿手好菜「排骨豬肚湯」。飯桌上大人們議論時政，二舅認為劉季伯雖然寫過進步社論，其實思想還不夠進步。「文化大革命」開始後，二舅果斷把兒子送回內地。毛澤東大手一揮，千萬知青上山下鄉。劉香成的這個表哥到農村插隊勞動好幾年，直到 1977 年恢復高考，才又回到北京讀書。

是左是右，共產黨抑或國民黨，似乎並不要緊，在香港，各種派別傾向的言論都有市場。香港人有飲茶的習慣，從早茶喝到下午茶，邊飲茶邊看報，每個茶樓外面都有報攤，中英文報刊總有幾十份平等鋪開，任讀者挑選。劉香成從小知道，買報紙最好等到下午，只要過了下午一點鐘，所有報紙都打折甩賣，上午一份報紙的價錢，下午可以買到三份——左派右派中間派，香港是如此魚龍混雜，豐富而多元，多少緩解了一些劉香成對於身份的焦慮。

在天主教會學校裏，學生們來自不同的家庭，既有平日西裝革履出入銀行大樓的家長，也有擺攤開店打拼街頭的父母。劉季伯沒有明確說過希望兒子將來從事何種職業，但有時會隨手拿幾份英文電訊稿，叫劉香成試着譯成中文。這些稿件來自路透社、美聯社、法新社等世界各大通訊社，內容五花八門，誘發了劉香成此後一生對傳媒業的濃厚興趣。

劉季伯還鼓勵兒子學習美術，有一年每到週末，劉香成就跑去父親的報館，跟着一位印尼華僑李流丹學習素描。這個人在《大公報》負責版面設計，畫得一手好油畫。劉香成努力了一段時間，終於放棄，覺得自己沒有繪畫天賦，倒是學英文比較拿手。天主教會學校裏比賽英文詩歌朗誦，劉香成勇奪桂冠。

劉季伯的朋友裏，有個人姓包，喜歡喝酒，能講一口流利的英文，二十世紀五十年代就為美國《新聞週刊》撰寫專欄文章，大家喊他查理包。查理包告訴劉香成，香港太小，中學畢業後應該去美國，但是不要學新聞。

「新聞是不可以教的。」查理包説，「你去學任何東西，法律、歷史、心理學，都好，就是不要學新聞。」

1969 年，中國和蘇聯在烏蘇里江上的珍寶島爆發武裝衝突，毛澤東命令中蘇邊境的解放軍做好戰鬥準備，同時在北京等大城市地下開挖防空工事。新當選的美國總統理查德・尼克松（Richard Milhous Nixon）努力拉攏中國，表示願意同中國一起應對蘇聯的軍事威脅，並且停止了美軍第七艦隊在台灣海峽的巡邏。毛澤東認為，蘇聯的野心超出了他們的實際能力，在世界範圍內遏制蘇聯的擴張——無論需要同誰合作，符合當時中國的利益。中國和美國，兩個當時尚處於隔絕對立狀態的大國，正在逐步走近彼此。劉香成高中畢業，想去看看更大的世界。

⁂ ⁂ ⁂

1968 年 2 月 1 日，越南西貢街頭，南越國家警察總長阮玉鸞將軍拔出左輪手槍，對準越共上尉阮文林的頭部扣動扳機。子彈穿過阮文林頭部的瞬間，正在旁邊的美聯社記者艾迪·亞當斯（Eddie Adams）同時按下相機快門。這張照片傳遍世界，成為殘酷越戰的歷史見證。美國國內反戰浪潮洶湧，遊行示威遍及各大城市，約翰遜總統的支持率跌至谷底。

1969 年夏天，劉香成打點行裝，買了最便宜的機票，從香港出發前往紐約。機票之所以廉價，因為中途需要轉機多次：先從香港飛到吉隆玻，再飛到莫斯科，再飛到倫敦，最後才到紐約。站在曼哈頓 32 街的一個公交車站下面，劉香成抬頭仰望，周邊是密密麻麻、高聳入雲的摩天大樓，他深感美國經濟發達，國力雄厚，在這個鋼筋水泥構建的森林裏，人類是如此渺小。

在紐約市立大學亨特學院（Hunter College），劉香成選擇的專業是國際政治，他很興奮地融入了紐約青年的生活。1969 年 8 月，紐約州北部的一片牧場上，持續四天的伍德斯托克音樂節（Woodstock Rock Festival）吸引了四十五萬名觀眾。音樂節的主題是「和平、反戰、博愛、平等」，耗資二百四十萬美元，並且引發了紐約州嚴重的交通堵塞，造成各種擁擠和物資短缺。但是整個音樂節舉辦過程中沒有任何暴力事件發生，搖滾樂讓年輕人們享受了幾天極度自然、自由的生活，人們用非暴力的方式維持了愛與和平。眾多才華出眾的音樂人如吉米·亨德里克斯（Jimi Hendrix）、瓊妮·米切爾（Joni Mitchell）等深深打動了劉香成。當時幾乎沒有甚麼華人留學生會跑去參加這樣的活動，劉香成算是一個異類。這場空前絕後的青年大集會意義非凡，幾十年後回看，幾乎和登月一樣是那個年代的標誌性事件，也讓學生時代的劉香成有種彷彿摸到時代脈搏的感受。

劉香成開了一輛很小的大眾甲殼蟲汽車，車裏橫七豎八載着一幫朋友，大家唱着歌趕往紐約郊外。「我那時搞不清楚美國人想幹甚麼，反越戰是怎麼一回事，就發現這個國家給年輕人很大的空間去表現自己。」劉香成說，「青年們批評政府，自由做愛，用各種藝術形式表達情緒。」「Make Love Not War」（要做愛，不要作戰）的標語遍佈街頭。有一次，劉香成和一位法國女同學一起，跑去參加哈佛大學反越戰的示威遊行。他們乘坐大巴車抵達集合地點，成群結隊的青年學生開始喊着口號上街散步。這種示威遊行看起來組織鬆散，人們自願參加，中途經常有人離隊，又有街上的陌生人加入隊伍。

在紐約的課餘時間，劉香成依然要打工掙錢，因為學費和房租都相當昂貴。他找到一家福州人開的中餐館，老闆名叫劉文善，原本是個水手，上世紀六十年代行船來到紐約，跑上岸吃吃喝喝，決定不再回中國。在美國經營中餐館的華僑，很多來自福建和廣東，他們為此後越來越多闖蕩北美的華人打下前站。劉文善陸續開了好幾家中餐館和超級市場，後來又投資房地產，成為美國福建同鄉會的會長。

七十年代從中國大陸去美國的學生還很少，因為自尼克松總統訪華之後，中美兩國到 1979 年才正式恢復外交關係。劉香成與很多從香港和台灣來到紐約讀書的青年學生，都在劉文善開的中餐館裏打過工。學生們通常是週末到店裏幫忙，刷洗碗筷，招呼客人，週一到週五回學校上課。飯店裏的廚師們很喜歡劉香成，笑他講的福州話不夠正，但英文卻說得很好。老闆劉文善有時興致上來，親自下廚炒個飯，拿給夥計們吃。多年後劉香成認識的一些中國高幹子弟，聊起來才發現，也有幾個人當年在劉文善的餐館打過工。

華人留學生在美國喜歡抱團，形成一個小圈子，這個圈子裏有一群精英子弟。比如吳光叔，他的父親吳忠信是孫中山在日本組建中華革命黨時，最早加入的一百二十名成員之一，後來在二十世紀三十年代擔任過國民政府貴州省主席、蒙藏委員會委員長、新疆省主席等職務，長期主政邊疆。劉香成後來在一張展覽圖片中看到，1940 年十四世達賴喇嘛坐床儀式前，吳忠信坐在達賴高一排的座位上，北京政府經常用這張圖片證明其對西藏的管轄權由來已久。* 吳光叔比劉香成歲數大，當時已經從哥倫比亞大學畢業，加入一家美國核電公司，到處推銷先進技術。吳光叔 1997 年在上海創辦了富邦華一銀行，這是第一家台灣和大陸兩岸合資的華人銀行，他是首任董事長。但在一九七零年代的紐約，吳光叔帶着劉香成他們一大群華人留學生混跡在 SOHO 區，還有很多外表看上去異於常人的藝術家、詩人、音樂家，大家談天説地，吃吃喝喝，有時抽點兒大麻。「像艾倫・金斯堡（Irwin Allen Ginsberg）這樣的人，當時的紐約到處都是。」劉香成索性從學校搬出來，和一位心理學教授吳靜吉在 SOHO 區合租公寓。吳靜吉多年後回到台北，成為 Fullbright 基金（傅爾布萊特基金，美國一項用於國際教育交流計劃的獎學金，1946 年由民主黨籍聯邦參議員傅爾布萊特提案設立）的主席。

劉香成對吳光叔説：「你為甚麼不考慮開一家餐館呢？」

吳光叔説：「你有甚麼好主意呢？」

---

* 1992 年 9 月 22 日，中華人民共和國國務院新聞辦公室發表《西藏的主權歸屬與人權狀況》白皮書：「現在的十四世達賴出生於青海省，原名拉木登珠，在他兩歲時被選為轉世靈童之一。1939 年，經西藏地方政府呈報，中央政府指令青海省當局派軍隊把他護送至拉薩。1940 年，當時任中央政府首腦的蔣介石，經特派蒙藏委員會委員長吳忠信到拉薩察看後，同意西藏地方攝政熱振關於免於金瓶掣籤的申請，由國民政府主席正式頒佈命令，批准拉木登珠為十四世達賴喇嘛。」

劉香成就講自己的看法：在紐約的中餐館已經很多，但是大部份集中在唐人街一帶，而且幾乎都用了相似的室內裝潢——大紅色的地毯、枱布和牆壁，走進館子紅彤彤一片。「為甚麼中餐館一定要用紅色呢？」紅色容易讓人聯想到血和共產主義，西方人進餐館可不是來看這個的。劉香成建議説，可以參考法國餐廳的裝潢，要有明亮的環境，牆上掛一些當代藝術作品，廚師可以用華人，但侍應生要請老外。七十年代美國經濟滯脹，失業問題嚴重，連百老匯劇院的很多女演員都沒有戲演，只好到餐館打工。如果做一家環境優雅、菜品好吃、侍應生漂亮的中餐館，生意一定會好。

吳光叔説：「太好了，我們就開一個餐館，你也入股。」

劉香成沒有成為餐館合夥人，他已經考慮完成學業之後，要回去中國大陸。在亨特學院的圖書館裏，劉香成找到一種小冊子，《*China News Analyze*》（中國新聞分析）。這是一位定居在香港的匈牙利牧師拉達尼（László Ladány, 1914-1990）編輯的英文出版物，每週一期，每期約十二頁，專門針對西方世界的中國問題研究者們，介紹和解讀中國官方發佈的各種消息。拉達尼牧師在澳門和香港獲取新聞的方式是收聽中國內地的電台廣播，這項工作難度很大，因為中國領導人的講話經常帶有濃重的方言口音，毛澤東講湖南話，鄧小平講四川話，外國人如聽天書。曾經在北京和上海生活過的拉達尼牧師編輯的這本小冊子，就成為西方人獲知中國動態的一扇窗。劉香成讀得入迷，回憶起童年在福建的生活，竟產生一種遙遠的親切感。作為華人留學生，劉香成能夠在美國的大學裏找到這樣一種來自中國大陸的信息源，在當時看來相當難得。因為一方面，除了少數研究中國問題的學者和外交家，美國沒有多少人有興趣讀這本雜誌；另一方面，毛澤東時代的中國對外封閉，很少有來自中國內部的真實且有價值的信息傳遞到西方國家。

劉香成還選了一門法理學的課程，有一次教授佈置學生們做法律哲學的論文，劉香成又跑去圖書館找資料，驚訝地發現美國大學圖書館裏關於中國的藏書，遠比他想像中豐富。西方漢學由來已久，從古代馬可波羅遊記開始，到李約瑟（Joseph Needham）主持編撰的《中國科學技術史》，洋洋灑灑，包羅萬象，研究東方文明的熱潮長盛不衰。劉香成在圖書館泡了一陣後，為了這篇作業決定研究韓非子——一位兩千兩百多年前生活在中國戰國時期的思想家，法家學派的代表人物。韓非子主張採用嚴苛的法令，維護君主集權，「事在四方，要在中央；聖人執要，四方來效。」此後漫長的歲月裏，東方帝國的統治者們表面上推崇儒家的「中庸之道」，內心裏無不是韓非子的信徒。「做完這篇關於法家思想對中國歷代君王治國理念影響的作業，彷彿打開了我頭腦裏對中華文明的興趣大門。」劉香成說。

到了大學的最後一個學年，按照學校規定，學生有十二個學分可以通過自由選課來完成。劉香成已經不記得當年是出於何種念頭，他選修了一門攝影課。攝影課的好玩之處在於可以自選題材拍照，劉香成拿着相機走出學校，從 68 街走到 59 街，那裏有一家熱鬧的布魯明戴爾（Bloomingdale's）百貨商店。在百貨商店門口，劉香成看到一個睡在路邊台階上的流浪女人，他按下快門。女人並不在意被人拿相機拍，劉香成就隔三岔五跑過去觀察。除了街頭流浪者，還有生活在紐約的猶太人群體，還有一所專門為低智兒童開設的特殊教育學校，都進入了劉香成的鏡頭。他回去學習沖洗膠卷，把照片裝訂成影集。

這組街頭攝影作品，偶然吸引了大師的注意。基恩·米利（Gjon Mili, 1904-1984）是阿爾巴尼亞裔攝影家，從1939年開始擔任美國《*LIFE*》（生活）雜誌攝影師，一直到1984年去世，留下了無數經典作品，比如他拍攝藝術家畢加索拿着一支小電燈在空中揮舞畫出鬥牛，直接啟發了後者對於「光畫」藝術的實驗。亨特學院有一位1949年前從中國蘇州來的華人教授姓曹（Lionel Tsao），對劉香成很賞識，師生經常談論一些中國話題。曹教授在哈佛的同學凱爾索·蘇頓（Kelso Sutton），是時代集團的總裁，而基恩·米利所在的《*LIFE*》是時代集團旗下雜誌。也許是由於這樣拐彎抹角的關聯，米利看到了劉香成的攝影作品並很感興趣，邀請這位東方來的小夥子到《*LIFE*》雜誌實習。

《*LIFE*》雜誌的影響力當時舉足輕重，一度擁有最出色的一批紀實攝影師，各界名流都以出現在這本雜誌為傲。二戰期間，大批猶太精英知識分子、作家、攝影師等逃離歐洲，來到美國供職於這家雜誌，戰爭亂世成就了這本雜誌的黃金年代。瑪格麗特·伯克·懷特（Margaret Bourke White）、拉里·伯羅斯（Larry Burrows）、亨利·卡蒂埃－布列松（Henri Cartier-Bresson）、尤金·史密斯（W. Eugene Smith）、尤素福·卡什（Yousuf Karsh）、羅伯特·卡帕（Robert Capa）等很多世界知名攝影家都與《*LIFE*》有關。時至今日，年輕人即使沒讀過這本雜誌，也一定見過源自這本雜誌的昔日經典攝影作品，比如由猶太攝影師阿爾弗雷德·艾森施泰特（Alfred Eisentaedt）在1945年日本投降日當天，在紐約時代廣場拍攝的「勝利之吻」，還有卡爾·邁當斯（Carl Mydans）在重慶等地拍攝的一系列1949年之前的民國影像，迪米特里·凱塞爾（Dimitri Kessel）於1946年拍攝的三峽縴夫等等。

喬恩·米利(Gjon Mili),美國《生活》雜誌攝影師,他是劉香成的攝影系教授,邀請劉香成畢業後當他的助手。

畢加索在 Mili 的鏡頭前完成一幅鬥牛的燈光素描，是攝影史上的經典作品，因為整個過程通過一次曝光完成。

劉香成在當《生活》雜誌攝影師 Gjon Mili 的助手期間，他受到許多《生活》雜誌攝影記者的影響，其中包括上圖攝影師——美國《生活》雜誌攝影記者 Alfred Eisenstadt。二次世界大戰勝利後，在紐約時代廣場著名的「勝利之吻」。

這段持續几個月的實習生涯讓劉香成徹底愛上了攝影，開啟了他一生致力的事業領域。在《*LIFE*》雜誌，劉香成給七十歲的基恩·米利當助手，大師的工作室裏滿牆都貼着大大小小的照片，米利的習慣是在雜誌、報紙、圖書上看到有意思的照片，就隨手剪下來貼在牆上。劉香成在這個房間裏幫助大師整理一些底片和文件，每天下班後，兩人經常各自倒上一點威士忌，切一盤「香蕉蘋果」（一種黃色帶有香蕉味的蘋果），邊喝酒，邊看着照片聊天。大師並不談論光圈、快門之類技術問題，攝影對他而言，是一門「讀圖」的藝術，這個觀念深深影響了劉香成。

「不是看圖，而是讀圖，好的圖片是可以閱讀的。」《*LIFE*》雜誌在世界媒體發展史上以內涵豐富的圖片著稱，米利那間四壁貼滿圖片的工作室更是傑作薈萃之地：布列松（Henri Cartier-Bresson, 1908-2004）、馬克·呂布（Marc Riboud, 1923-2016）等二十世紀最著名的攝影家們的作品，米利一張張指給劉香成看，這張好在哪裏，那張又是如何考慮。劉香成開始理解，攝影師思考問題的方式和深度，決定了作品能否具有流傳後世的價值。他也突然明白，為何米利大師會選中自己——為學校攝影選修課拍攝的那些街頭照片，可能有意無意體現出了一個年輕人觀察世界的獨特角度，和他內心深處的人文關懷——而這種人文關懷又和《*LIFE*》雜誌的創刊主旨不謀而合，也引導了劉香成未來幾十年的工作軌跡。劉香成的鏡頭對普通人的生活一直情有獨鍾，觀察記錄政治和時代大背景對人們生活的影響，甚至是在日常中人們並不以為意的、潛移默化和生活交織在一起的影響。多年之後中國的傳媒和攝影人發現，這種紀實攝影理念，與過去通行的只有大人物和大事件才值得拍攝、只有人民大會堂開大會才是新聞的觀點大相迥異。

實習快要結束的時候，曹教授對劉香成説，你在《*LIFE*》學習了幾個月，應該見見老闆了，「他是我的同學」。

凱爾索·蘇頓的辦公室高居時代－生活大廈的頂層，劉香成就這樣得到了面見時代集團總裁的機會。「他是那種典型的高效率美國人，不會多説一句廢話，既然是他的同學介紹來的，他就答應見我一面。」劉香成説，走進總裁辦公室，他看見矮胖的凱爾索·蘇頓叼着一支大雪茄。

「年輕人，你這一生想做甚麼？」總裁問道。

「我想去中國。」劉香成沒有絲毫猶豫地回答。

「哦。」凱爾索·蘇頓像是在概括要點：「曹教授的學生，在《*LIFE*》實習，想去中國。」時代集團總裁説，「我知道了。」

簡短的會面結束。

過了不到一個禮拜，《*TIME*》（時代週刊）的圖片總監約翰·杜爾尼奧克（John Durniack）找劉香成過去，要看劉的作品。劉香成就還是拿自己的街頭攝影給對方看。看完這些圖片，杜爾尼奧克説：「如果你準備好去中國了，我可以給你一個差事。」

「差事」是指臨時的工作。美國主流媒體擁有遍佈全球的龐大的自由投稿人隊伍，無論文字還是圖片，當編輯需要操作某個選題，就會設法找到在目標國家最合適完成報道的作者。這些人也許是專職的記者，也許只是業餘從事創作，但無疑是想要進入媒體行業的人必須跨出的第一步。所以劉香成日後總結的第一條人生經驗就是，清楚地知道自己想要做的事情。當你見到一個能夠決定給不給你機會的人物，一定要言簡意賅地表達自己的目的。「不要搖擺不定，不要模棱兩可，人生的機會稍縱即逝。」劉香成說。

1976 年之前，劉香成大學畢業後，花了一年多時間繼續四處拍攝，這次的目的地是歐洲。

劉香成第一次去歐洲是 1971 年，當時他在倫敦租了一輛車，剛開上街就差點跟人撞車——因為英國的汽車是右舵，上路靠左邊走，劉香成一時沒習慣這種開法，直挺挺靠右逆行上路。從英國到西班牙，劉香成停下來住了大約六個月。那是 1975 年 11 月，西班牙元首弗朗西斯科・佛朗哥（Francisco Franco, 1892-1975）去世，他在西班牙長達三十多年的獨裁統治結束。佛朗哥指定的繼承人胡安・卡洛斯上台，推行民主改革，西班牙社會開始迸發出動盪的活力，日後成為西班牙首相的費利佩・岡薩雷斯（Felipe Gonzalez）也在那時嶄露頭角。劉香成拿着相機到處拍，感覺自己也渾身充滿能量。

從西班牙到葡萄牙，又趕上「康乃馨革命」（1974）之後，左翼的葡萄牙共產黨獲得合法政治地位，開始競選參政。劉香成追蹤拍攝葡共的競選，在農村裏，大家一起坐着拖拉機去開選舉大會，散會後又在田裏野餐，煮豬肉片，做三文治。「和福州童年的印象中，政治氣氛滲透進所有階層、所有組織、所有生活的方方面面相比，這個葡共給我的印象又很不同。」

到了 1976 年的秋天，劉香成又跑到法國，其間東奔西跑拜訪了不少有意思的各界人士。機緣巧合下，還有人給他介紹了來自北京的宋懷桂，和她的丈夫、保加利亞左翼藝術家萬曼。這對夫妻的結合是新中國成立以來的第一例涉外婚姻，伴隨着社會輿論的爭論和周恩來總理的特批祝福。劉香成去到他倆在巴黎左岸的藝術家公寓，宋懷桂還給劉香成下了碗頗具家鄉風味的麵條。人生的際遇就是這樣奇妙，很多年後劉香成和宋懷桂夫婦在北京又會相遇。在巴黎期間，劉香成主要是準備採訪新當選的法國總理雷蒙·巴爾。在巴黎左岸，劉香成把採訪申請遞交到總理辦公室，乘坐地鐵返回時，偶然看到地鐵站的報攤上，所有當天報紙的頭版頭條都印着毛澤東的肖像。他意識到，中國出事了。

1976 年 9 月 9 日，毛澤東去世。在此前幾個月，毛的戰友周恩來和朱德也相繼病逝。這幾位中國最高領導人身後，是一個經歷了十年動亂的國度，九億國民陷入悲傷和迷茫。劉香成打電話給羅伯特·普雷基（Robert Pledge），說：「我要去中國了，你有沒有興趣要我的照片？」

羅伯特·普雷基是生在英國的法籍猶太人，曾經是法國伽馬圖片社駐紐約的辦事處主任，1976 年他剛剛聯合幾位著名攝影師創建了一家新的圖片機構「聯繫新聞圖片社」（Contact Press Images）。聯繫圖片社的其中一位聯合創始人，就是拍攝西貢警員槍殺越共分子那張照片的艾迪·亞當斯。劉香成是在《*LIFE*》實習時認識了普雷基，後者當時經常跑來看《*LIFE*》的圖片，也對米利身邊的劉香成印象深刻。普雷基是卓越的圖片編輯和攝影師代理人，他的主要工作是發掘優秀的攝影師，把他們的作品賣給媒體和藝術館。「他從來不簽約。」劉香成說，「我們後來的合作方式是，我拍完照片，從北京把膠卷用航空郵寄到紐約，在《*TIME*》《*LIFE*》的暗房沖洗後，所有的膠卷底片遞送給我的代理人普雷基。普雷基按照他對圖片的理解來編排，再給合適的媒體發表。」普雷基對劉香成說：「我做你的代理人，你快去中國。」劉香成同普雷基的合作方式是很典型的自由撰稿人與經紀人的合作模式，一方要抓準時代脈搏，捕捉到大事件，拍出抓人眼球的圖片；另一方則依靠豐富人脈、多年經驗和眼光，把攝影作品精準推銷給適合的媒體和美術館，這是一種當時西方攝影師與媒體合作雙贏的模式。

而同時在紐約，吳光叔和一班朋友們果然按照劉香成的建議，在 SOHO 區開了一家中餐館，桌上鋪着白色的枱布，牆上掛着抽象派油畫，聘請百老匯年輕漂亮的女演員招待客人。餐館的名字叫 HOHOSO，就是把 SOHO 倒轉過來。這家店生意興隆，開業不到六個月就收回投資，很多社會名流蜂擁而至。1976 年，劉香成背起相機，又買了一張廉價機票，輾轉飛往社會主義的中國，想要拍攝毛澤東的葬禮。

貳

毛以後的中國

中國擁有世界上最多的人口，1976 年時是九億三千萬人，約佔世界人口總量的四分之一。從 1949 年中國共產黨執政開始，毛澤東主席作為最高領導人統治這個國家長達二十七年之久。他利用遍佈全國的數萬個人民公社組織管理五億農民，又通過頻繁發動一場又一場政治運動來鞏固自己的權威地位，確保黨的各級幹部和全國人民都能領會並遵從「毛澤東思想」。這些政治運動有些具備較為明確的指向性，例如「土改」針對地主鄉紳，「反右」針對知識分子；但也有「無產階級文化大革命」這樣時間漫長、聲勢浩大的政治運動，從 1966 年開始，席捲了九百六十萬平方公里土地上的幾乎所有中國人。長期的大型政治運動裏夾雜着難以計數的中小型運動，毛主席要求全黨全國「以階級鬥爭為綱」，毛的語錄和文選被稱為「紅寶書」，累計印刷超過二十億冊。每個中國人在日常生活中都需要背誦《毛主席語錄》，否則就可能被周圍的人指責對毛主席不夠忠誠——在「文化大革命」的十年裏，這樣的指責往往伴隨着難以預料的厄運。

這是留在劉香成童年記憶裏的中國。在福州生活的那段歲月，對劉香成日後的成長至關重要，有些對周遭事物和對新聞大事件的敏感性，可以説是從小就刻進他骨子裏。簡而言之，每個人的生活都與政治相關，而政局由毛澤東掌控。但當劉香成 1976 年秋天重返中國大陸時，他敏感地發現，情況已經不同。

1976 年發生的諸多事件確實不同尋常。1 月 8 日，國務院總理周恩來逝世。3 月 8 日，吉林省上空出現了覆蓋五百平方公里的隕石雨。4 月 5 日，上百萬人聚集在北京天安門廣場悼念周恩來，群眾與軍警爆發了衝突。毛澤東的夫人江青與另外三名黨內高官王洪文、張春橋、姚文元組成的「四人幫」認為，廣場上的事件與國務院副總理鄧小平有關。4 月 7 日，鄧小平被撤職，這是他政治生涯中第三次被打倒。7 月 6 日，朱德元帥逝世，他曾長期擔任解放軍總司令。7 月 28 日，里氏七點八級大地震摧毀了唐山，這座城市距離北京只有一百七十公里，二十四萬人喪生。9 月 9 日，「毛主席萬歲」的標語還隨處可見，毛主席卻不在了。

9 月中旬，劉香成作為《時代》週刊特約攝影師，憑藉「港澳華僑回鄉證」抵達廣州，以這個身份去中國比其他的美國媒體記者要方便很多。但是他沒能按照預定計劃到北京採訪，中國旅行社告知劉香成，無法為他安排前往北京的機票。「那個時候北京的局勢誰也不清楚。」劉香成說，「總之就是去不成。」

劉香成在廣州住了大概十天，抓拍了一些照片。在街頭晨練的老人，左臂上縛着黑紗，一邊練拳一邊同旁人聊天。華僑飯店大堂裏懸掛着毛澤東畫像，上書「偉大的領袖和導師毛澤東主席永垂不朽」，畫像下面則有一個穿着白背心叉腰站立的男子。全國各地的群眾都在有組織地籌備毛澤東的追悼會，但劉香成拍攝的廣州市民，年齡身份各異，共同的特點是神態平和，他們的臉上並沒有表露出強烈的悲痛。

「中國人的肢體語言是很微妙的。」劉香成想起「文革」時期回鄉探親遇到的那些人，個個都有點「緊繃繃」的感覺。而眼下毛主席剛剛去世，「人們的精神狀態好像一下子放鬆了」。廣州的居民在珠江邊上，緩慢而優雅地打太極拳，劉香成從來沒有看到過這樣的中國人，他相信毛以後的中國，必將發生巨變。

變化是自上而下的，毛澤東離世引發了路線鬥爭，但很快塵埃落定。毛指

1976 年毛主席去世，劉香成從巴黎趕回中國拍攝廣州居民追悼情況。

定的接班人華國鋒聯合葉劍英、李先念等黨內元老，在 10 月 6 日拘押了「四人幫」，宣告「文化大革命」結束。劉香成還是不能去北京，只好暫時打道回府。但只過了幾個月，1977 年他再次來到中國，這次目的地是上海。缺乏執政經驗的華國鋒已經成為新任的黨中央主席和中央軍委主席，為了鞏固權力，他仍然執行毛澤東在世時做出的各種決策，包括「批鄧」。劉香成住在上海的國際飯店，推開窗子就能看到樓下的南京路上，很多人舉着大標語吵吵鬧鬧，「批鄧」、「反擊右傾翻案風」，有些人把標語上的「鄧」字翻轉過來，放在人民公園的外牆上，表示打倒鄧小平。在外灘，劉香成拍攝到一幅巨大的宣傳畫，畫面上是毛主席和華國鋒握手，寫着幾個大字「你辦事，我放心」。在這張照片上，馬路上的普通行人，與巨大的宣傳畫形成「小」與「大」的比例反差。但更多了解中國政壇實情的人相信，鄧小平的第三次復出只是時間問題。在中共黨內，鄧的資歷與威望遠遠超過華國鋒。劉香成還拍攝了上海居民在街邊小攤吃早餐的照片，不料被人報告給上海旅遊局——當時入境中國的外國人事務是歸旅遊局管轄，一名導遊告訴劉香成：「你拍上海人吃油條喝豆漿，他們很不高興，這樣顯得中國很落後。」

劉香成把拍下來的膠卷寄給在紐約的羅伯特·普雷基。作為攝影經紀人，普雷基編選了劉香成的一些作品，轉給《時代》週刊。但《時代》美國總部的圖片編輯不懂中文，看不明白這些「批鄧」的照片，「把鄧字反過來是甚麼意思呢？」編輯把膠卷又轉寄往《時代》週刊的香港辦公室，請駐紮在那裏的記者幫助判斷。

結果這些膠卷在跨國郵寄的途中丟失了。

「劉，很遺憾，你的膠卷丟了。」幾個月後，普雷基確信膠卷已無法找回，就打電話給劉香成，告訴他可以要求《時代》週刊賠償，「但是你要小心，他們有很多很多律師。」

劉香成回到紐約，在時代集團總部大樓裏，他見到了負責處理賠償事宜的律師。劉香成問：「你們有多少像你這樣的律師？」

「三百八十多個。」律師面無表情。

劉香成吃一驚。

「我們可以賠償給你五千美元。」律師繼續説。

劉香成又吃一驚，這在當時可是一大筆錢，比他預計的金額高多了。

處理完賠償事宜，劉香成又去見了理查德・伯恩斯坦（Richard Bernstein），此君是《時代》週刊派駐香港的資深記者，中文名叫白禮博。白先生對劉香成説：「我們準備組建在北京的分社了，需要一個攝影記者，我想你比較適合。」

❈ ❈ ❈

1949 年，毛澤東發表了《別了，司徒雷登》一文論述外交政策，抨擊美國政府扶持國民黨發動內戰，提出「打掃乾淨屋子再請客」。國民黨執政時期在華設立記者站的外國媒體紛紛撤離中國，只有蘇聯塔斯社和朝鮮中央通訊社等社會主義陣營國家的媒體記者得以繼續駐留中國。中美關係解凍始於 1972 年 2 月，美國總統尼克森訪華，在上海發表了《中美聯合公報》。但此後兩國關係時近時遠。1974 年，尼克森由於「水門事件」下台，接任美國總統的福特（Gerald Rudolph Ford）把老布希（George Herbert Walker Bush）派到北京擔任美國駐華聯絡處主任。1977 年 1 月，吉米・卡特（Jimmy Carter）入主白宮，中美兩國直到 1979 年 1 月 1 日才正式建立大使級外交關係。相對於 1964 年同中國建交的法國，和 1972 年同中國建交的英國，美國人姍姍來遲。

外交部新聞司是中國政府裏負責發佈外事新聞和管理外國媒體駐華機構的部門，中美建交後，《時代》週刊拿到了外交部新聞司批准的第一批美國記者正式駐華名額，這個名額就給了理查德・伯恩斯坦。劉香成也在北京住下來，正式開啟他駐華攝影記者的職業生涯——不過以當時中國的物價水準來看，這位簽約記者的酬勞相當可觀。《時代》週刊為劉香成提供三百五十美元的日薪，全年的工作時間定為一百二十五天，即年薪四萬三千多美元，並且報銷他在中國居住和出行的一切費用。而 1979 年中國人均年收入是一百八十美元，約合二百七十元人民幣。「有人告訴我，兩千美元可以在北京買一座四合院。我算了算，一個月薪水就差不多能買兩座了。」劉香成説。當時美國媒體駐華記者的高薪，一方面是兩國經濟實力、匯率差異、社會結構的如實反映；另一方面，也從側面反映了英美主流媒體在那個年代的社會地位：媒體幾乎是英美國家民眾認知世界的唯一窗口，僱用的人少而精，可以説是影響、引導社會輿論的重要媒介，這和現在以網路社交自媒體為主流的狀況有巨大差異。

1923 年，美國出版商亨利・盧斯（Henry Robinson Luce）創辦了《時代》週刊，他是一個傳教士家庭的長子，1898 年出生於中國山東蓬萊。《時代》週刊日後成為全球發行量最大的時事新聞雜誌之一，不僅在美國本土出版，還

1982 年，前美國總統尼克森祝賀《上海公報》十週年簽署後，從杭州回上海的專列上，向美國記者送青島啤酒。（攝影劉香成）

有國際版、歐洲版、亞洲版、拉丁美洲版等多個版本，巔峰時期每週發行量超過四百六十萬份。劉香成為《時代》週刊工作了一段時間就發現，對於這本定位全球精英讀者的雜誌而言，關於中國的故事並非不可或缺。日常工作流程是：全球各分社的記者每週通過電報向紐約總部的編輯報選題，選題經過編輯討論後如果通過，記者就可以出門去採訪報道。週刊內容對時效性的要求不算太高，中國這樣剛剛開放的國家，也不經常有突發的重大新聞可以報道，所以北京分社提交的選題通常偏重深度的社會觀察，「不會那麼容易過時，但也不是必須立刻發表」。

劉香成發現經常有些做完的稿子被編輯「壓箱底」，也會有編排好即將刊發的稿件在最後關頭被撤換，特別是世界其他地區有爆炸性新聞事件的時候，雜誌有限的版面就要相應做出調整。美國媒體對待來自遙遠中國的新聞的態度，給劉香成很直接的觸動，正所謂新聞都是和其受眾要直接相關。有時候中國這裏的大事件，在大洋彼岸的編輯看起來，不如美國本地新聞更加重要。一個普通小鎮上的美國中產階級家庭，人們週末早上醒來，伴隨着一杯咖啡打開報紙，可能並沒有興趣看見世界其他地區的戰火衝突、血肉橫飛，他們寧可閱讀鎮上的高中聯盟昨晚的球賽結果。這就使得這些世界各地的駐外記者頭腦中，每時每刻都有一根競爭的弦繃着，發稿的時候好比選美比賽一樣，每個記者都要清楚知道自己稿子的賣點。通俗地說，就是對新聞受眾閱讀興趣的判斷。

當稿件決定刊發時，《時代》週刊總部的事實核查部門會用電報或越洋電話聯繫記者，提出種種問題，做一個「事實調查」，確保稿件中一切細節資訊的真實、準確。即使是攝影記者，也並非照片拍完就了事，劉香成通常會在北京時間禮拜五的晚飯後收到總部編輯的問題，這往往意味着一個不眠之夜，他要趕在禮拜六早晨截稿前回答完畢所有問題，稿件才能進入終審和排版印刷工序。每個禮拜一，印刷精美的《時代》週刊就要發行到世界各地。

關於中國的稿件刊發率也許不高，但包括《時代》週刊在內的世界級媒體，對打開大門的中國都懷抱有濃厚的興趣，也都派出各自的精英團隊駐守中國。1978 年有一天，劉香成接到通知說，美國副總統沃爾特．蒙代爾（Walter Frederick Fritz Mondale）即將受邀訪華，白宮需要一名隨行攝影師，劉香成接受了這份工作邀約。1979 年 8 月，美國副總統沃爾特．蒙代爾率領一百八十一人的龐大代表團訪華，中方對美國副總統的來訪格外重視，處處高規格接待。鄧小平親自接見蒙代爾，宴請美方代表團成員。劉香成大膽地舉着相機靠近了巨大的主桌，拍攝了鄧小平給美國客人夾菜的鏡頭，過程意外地順利，整場國宴從頭到尾也沒有人過來阻止他。故宮博物院也為美國代表團開放了大量珍品參觀。劉香成看到故宮的文物專家們戴着白手套，小心翼翼地捧出珍貴的北宋名畫《清明上河圖》。離開北京後，蒙代爾訪華團還去了西安參觀秦始皇陵兵馬俑，又到處於中國開放前沿的廣東沿海農村考察。蒙代爾隨行代表團的豪華陣容，包括了著名漢學家、哈佛大學東亞研究中心的創始人費正清教授（John King Fairbank）。費正清是有名的「中國通」，他主編的《劍橋中國史》系列叢書，奠定了他在美國漢學界的泰斗地位。美國後來的政治、外交、學界各個領域，只要是同中國打交道的「中國通」們，很大一部份都是費正清的徒子徒孫，包括被譽為「漢學三傑」之一的孔飛力，還有與劉香成一起

1978 年，國家領導人鄧小平在北京首都機場等待歡迎美國副總統蒙代爾訪華，打開中美新篇章。(攝影劉香成)

1981 年，首都工人在天安門的歷史博物館把毛主席巨像卸下來，結束了個人崇拜的時代。（攝影劉香成）

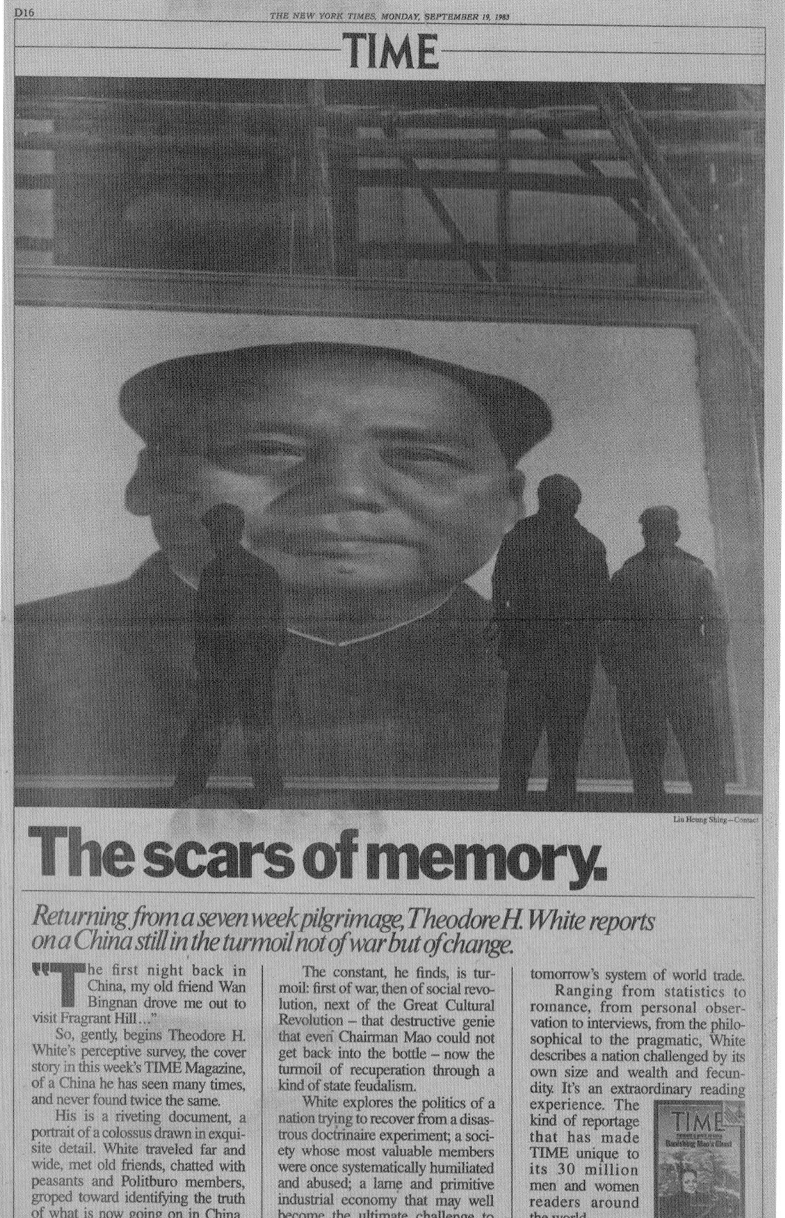

D16 THE NEW YORK TIMES, MONDAY, SEPTEMBER 19, 1983

TIME

Liu Heung Shing—Contact

The scars of memory.

Returning from a seven week pilgrimage, Theodore H. White reports on a China still in the turmoil not of war but of change.

"The first night back in China, my old friend Wan Bingnan drove me out to visit Fragrant Hill…"

So, gently, begins Theodore H. White's perceptive survey, the cover story in this week's TIME Magazine, of a China he has seen many times, and never found twice the same.

His is a riveting document, a portrait of a colossus drawn in exquisite detail. White traveled far and wide, met old friends, chatted with peasants and Politburo members, groped toward identifying the truth of what is now going on in China.

The constant, he finds, is turmoil: first of war, then of social revolution, next of the Great Cultural Revolution – that destructive genie that even Chairman Mao could not get back into the bottle – now the turmoil of recuperation through a kind of state feudalism.

White explores the politics of a nation trying to recover from a disastrous doctrinaire experiment; a society whose most valuable members were once systematically humiliated and abused; a lame and primitive industrial economy that may well become the ultimate challenge to tomorrow's system of world trade.

Ranging from statistics to romance, from personal observation to interviews, from the philosophical to the pragmatic, White describes a nation challenged by its own size and wealth and fecundity. It's an extraordinary reading experience. The kind of reportage that has made TIME unique to its 30 million men and women readers around the world.

鄧小平獲選為 1978 年「年度風雲人物」，《時代》週刊在《紐約時報》用全版廣告，推廣這期使用了劉香成拍攝照片的雜誌。

1981 年，大連理工學院學生在學校廣場上滑旱冰。（攝影劉香成）

1980 年，首都四季青人民公社農民在採收大白菜。(攝影劉香成)

1980 年，火車旅行中，部隊乘客吃午飯。（攝影劉香成）

可口

1981 年，北京青年在故宮裏喝可口可樂。（攝影劉香成）

共事過的《時代》週刊記者理查德・伯恩斯坦（Robert Bernstein）、《紐約時報》派駐北京分社的首任社長包德甫（Fox Butterfield）。費正清和夫人費慰梅（Wilma Denio Cannon）的中文名字，都是他們在中國的好友梁思成、林徽因夫婦所取。一路上，劉香成和費正清同乘一輛小型麵包車，用相機記錄下了這位老學者第五次、也是最後一次來到中國的影像。

蒙代爾的中國之行為了展示友好和美國人對東方古老文明的了解，隨行團中除了歷史學家費正清，還有一名中國問題專家叫鮑大可（A. Doak Barnett）。鮑大可出生於上海，在中國度過童年和少年時期，他的父母是來華的傳教士，他的兄長羅伯特・巴奈特（Robert Barnett）是後來美國總統詹森（Lyndon B. Johnson）主政時期的助理國務卿，一貫主張促進中美關係正常化。一些日後在中國耳熟能詳的美國學者和政策制定者，如奧克森伯格（Michel Oksenberg）和李侃如（Ken Lieberthal）等，都是鮑大可的學生。

中美因當時的國際環境和中國的對外開放而走近，劉香成很幸運地不僅隨行見證了這次蒙代爾副總統的訪華行程，還有緊接着在 1980 年 1 月，第一位訪華的美國國防部長哈羅德・布朗（Harold Brown）之行，劉香成也擔任了白宮隨行攝影師。哈羅德・布朗率領美國軍事代表團對中國進行正式訪問，也標誌着中美兩國開啟正常的軍事交流關係。中方作為東道主，在這次訪問中特意為布朗及隨行人員安排了大量堪稱「破格」的參觀活動，以展示中方對美方的重視和誠意。美方代表團乘坐部隊專用飛機來到天津的空軍基地，觀看當時中國最先進的「殲－7」戰機改造。到了上海，中方又讓美國客人登上遠道而來的北海艦隊的艦艇，劉香成還抓拍了布朗部長在武漢的中國潛艇製造基地參觀時，從潛艇裏面爬出來並高興地摸了一把船體的照片。

在這樣的國家級正式訪問場合，劉香成注意到很多細節，中方也是做到盡善盡美。在北京的國宴上，劉香成發現菜單裏居然有清蒸魚。要知道這並不常見，因為國宴的特點是，有時候幾百名中外代表坐在一起等候上菜，而清蒸魚的烹飪火候可是要剛剛好，增之一分太老，少之一分又不熟，端上來還要新鮮出爐冒着熱氣，主廚可沒辦法同時看住幾百條魚的火候。可是一輩子喜好美食的劉香成，敏鋭地注意到這一道不尋常的菜，於是他悄悄地問陪同的外交部人員，這是怎麼做到的。等國宴結束，雙方陸續退場時，在人民大會堂外陪同的工作人員才指着幾排大巴客車對劉香成説：「你看，這就是你問題的答案。」原來眼前是幾百名廚師正在魚貫登上大巴，他們都是為了這場國宴從全國各地抽調來的。「他們都是最好的蒸魚師傅。」

美方代表團在上海受到了解放軍總參外事局的熱情接待。隨團的外國記者們和中國外交部經常打交道，但是解放軍的外事部門卻是第一次見。軍隊外事人員的開放、誠懇，和他們的出眾的專業素養，使得整個外媒記者團如沐春風。解放軍的外事幹部能説一口流利美國口音的英語。「於是我就和大家商量，想要回請他們一次。」劉香成説。美方回請宴會的地點選在南京路上的新亞飯店，包了二樓整層，主管外事工作的解放軍副總參謀長伍修權欣然接受了邀請。沒想到這一晚是個「災難」，劉香成説，「完全是美國記者們一邊倒的出洋相，原本從事媒體行業的美國人，都自詡很能喝酒，也入鄉隨俗地學中國酒桌傳統去給人敬酒，結果完全是『自取其辱』。沒想到總參外事局來的人都是真正海量，我們完全幹不過他們。」劉香成一邊快樂地回憶起當年這頓飯，一邊還「心

鄧小平（右二）與國防部領導張愛萍（左三）寒暄，等待來訪的美國國防部長。（攝影劉香成）

人民解放軍幾大軍區司令員在國宴前互相聊天。（攝影劉香成）

有餘悸」。有一位從日本東京來的電視攝像師甚至喝到又哭又吐，完全沒有了意識。最後中方人員很有風度，默契地提前離席了，留下美方這批「醉貓」們東倒西歪，像螃蟹一樣在地上爬。

外國媒體當時派駐中國的都是精兵強將，但幾乎全是文字記者。從 1978 年到 1980 年，劉香成是眾多駐華外媒人員裏唯一的攝影記者。直到 1981 年，另一位攝影記者——合眾國際社的邁克・提勒（Mike Thieler）才到中國工作。劉香成不僅為《時代》週刊拍照，有時也會給美聯社等其他新聞機構供稿。一來二去，駐華的外國記者圈子裏，大家都認識了這個拿相機的華人。

作為世界四大通訊社之一，美聯社在中國活動的歷史很久。1945 年，三十一歲的美聯社記者約翰・羅德里克（John Roderick）抵達延安，他曾經在美國陸軍服役，加入美聯社之前供職於美國戰略情報局（中情局的前身）。在延安，羅德里克採訪過毛澤東、劉少奇、周恩來、朱德等共產黨領導人，頗受中共高層認可。1948 年羅德里克離開中國，被美聯社派駐中東和歐洲等國，但他是美國媒體界公認的「中國通」，有機會多次穿梭於中美之間。例如 1971 年美國乒乓球隊訪華，羅德里克就是隨團記者，見證了著名的「乒乓外交」。周恩來在人民大會堂接見美國乒乓球代表團時，握着羅德里克的手説：「歡迎你第二次打開中國大門。」

等到 1979 年美聯社恢復北京分社時，羅德里克是主持全面工作的不二人選，他成為美聯社北京分社首任社長和特派員——美聯社擁有遍佈全球的上千名記者，但只有極少數資歷深厚的老記者可以獲得「特派員」的頭銜，他們的許可權和工作自由度很高。實際上羅德里克的中文並不好，加之考慮他已年過六旬，美聯社還派了一位女記者維多利亞·格萊姆（Victoria Graham）來華負責日常報道。由於美聯社對新聞稿件的需求量很大，羅德里克和維多利亞兩個人整天忙得不可開交，就向中國外交部新聞司打報告，申請增加一個駐華記者名額，並且希望這個人是攝影記者。

但外媒駐華名額不是説加就能加。因為互派新聞記者，是建立外交關係的兩國之間的對等條約。比如美國向中國派一個記者，中國也要向美國派一個記者，增加人員需要經過複雜的程式審核。

1980 年 11 月 20 日到 1981 年 1 月 25 日，中國最高人民法院組建的特別法庭，對「四人幫」進行公開審判。11 月 20 日審判開始的當晚二十點三十分，中央電視台播出了六分鐘的庭審實況錄影，第二天晚上，錄影播出的時長增加到一個小時。全國各地的很多工廠、學校甚至農村，人們集中到為數不多的電視機前觀看庭審實況，無數觀眾驚訝地目睹了毛澤東的遺孀江青昂首挺胸走上被告席。新華社主辦的報紙《參考消息》頭版頭條引用合眾國際社的報道稱：「他們恨她。然而他們要觀看她。當電視上映出審判的情況時，各行各業的工作都停息了。北京大學電視室裏擠滿了人，一個學生看到江青就啐唾沫。另一個學生説：『邪惡的女人。』……在外國人看來，他們看起來更像是人，而不像是中國報紙上描繪的厲鬼惡魔。」

審判「四人幫」是舉世矚目的大新聞，電視轉播是經過剪輯的錄影，在持續兩個多月的庭審過程中，駐華的外媒記者都在想盡各種辦法打探更多內幕消息，比拼各家的發稿速度。劉香成在中國積累的人脈關係在這時發揮了重要作用。

党向人民汇

1980 年，劉香成（左至右）、維多利亞・格萊姆、翻譯顧天明、北京美聯社社長約翰・羅德里克舉杯慶祝劉香成的生日。

1983 年，溥杰在故宮太和殿前被劉香成拍的肖像，拍完後，溥杰也為劉拍了一張肖像。他給劉香成做了一次導遊他的故居。

雖然是名義上的公開審判，能夠進入「四人幫」庭審現場的人並不多，除了少數高級幹部，中國政府還邀請了一些愛國民主人士旁觀庭審。劉香成認識其中的一個人，名叫羅承勳，他是香港《大公報》副主編、《新晚報》總編輯，也是全國政協委員，他更為人知的筆名叫羅孚。1947 年開始，羅孚為中共潛伏在重慶的地下組織工作，1948 年他到香港後，加入了中國共產黨。因為都是香港報人，羅孚與劉香成的父親劉季伯相熟，劉香成小時候在香港就經常見到他。在「四人幫」受審期間，每到庭審休息時間，劉香成就和羅孚通電話。「江青今天喊了口號，説毛主席讓我幹甚麼我就幹甚麼……」羅孚會把當天庭審的情況告訴劉香成，這幾乎是第一時間來自法庭現場的消息。

劉香成還會去找中新社的呂相友，他是資深的時政攝影記者，曾經作為隨軍記者在 1950 年前往朝鮮戰場，還在「文革」初期拍攝過毛澤東站在天安門城樓上檢閱紅衛兵的照片。中新社派呂相友負責每天記錄「四人幫」庭審，徵得中新社副社長張帆同意，劉香成跟呂相友約好，可以從呂拍攝的照片中選出幾張給外媒發表。拿到照片，劉香成就直奔西單電報大樓，根據羅孚口述的庭審情況撰寫圖片説明，配上呂相友提供的照片，用電傳向美國發稿。直到上世紀八十年代中期，駐華的外國通訊社才獲准使用自備的傳真機發稿，此前記者們只能在西單電報大樓的營業櫃檯排隊發電。西單電報大樓建成於 1958 年，每一份發往海外的電報和傳真，在這座亞洲當時最大的電信營業廳裏都留有存檔記錄。

劉香成的這些稿件基本都是供給稿件需求量大、發稿迅速的美聯社。因為有了劉香成，美聯社在審判「四人幫」的新聞爭奪戰中常常領先競爭對手。每天上午十一點鐘法庭休息，十二點鐘美聯社的稿件就發佈到了全世界，還是圖文並茂，頗具衝擊力，新聞行業裏管這種搶先發佈的獨家新聞叫「放火箭」。西方媒體尤其是幾大通訊社之間競爭激烈，重要新聞如果被其他同行搶發，分社負責人就會受到總部批評。那段時間，路透社北京分社的社長喬納森·夏普（Jonathan Sharp）逢人就説，美聯社有個劉香成，他簡直是個「多彈頭導彈（MIRV）」，隔三岔五就「放火箭」轟炸我們，搞得很被動。

美聯社駐京的兩位負責人羅德里克和維多利亞，對劉香成的供稿成績很滿意，希望劉能從《時代》週刊跳槽過來，變成美聯社的專職攝影記者。1982年，外交部新聞司終於批准給美聯社增加一個駐華記者名額，北京分社馬上向美聯社總部推薦劉香成。

但美聯社的亞洲總社設在日本東京，東京的社長羅伊·埃索揚（Roy Essoyan）向總部推薦的人選，是美聯社駐東京首席攝影師尼爾·尤利維奇（Neal Ulevich）——他曾因拍攝1976年泰國曼谷的暴亂事件而獲得普利策獎，那張照片記錄了一名參加示威遊行的學生被吊在樹上慘遭毆打。尼爾通曉中文，拿過普利策獎，又是獲得亞洲總社推薦的美聯社內部人選，從各個方面看，他都是駐京攝影記者的有力競爭者。

美聯社總編輯路易斯·博卡迪（Louis D. Boccardi）最終決定，把北京的機會給了劉香成。其實早在劉香成為《時代》週刊在北京工作的最初兩年間，美聯社紐約總部主管圖片的副總裁哈爾·布埃爾（Hal Buell）就介紹劉香成同博卡迪多次會面。有一次他們在洛克菲勒中心（美聯社總部所在地）共進午餐，博卡迪向劉香成詳細詢問中國的情況。

「他要了解中國人是怎麼樣看待問題的，很多方面與美國人不同。」劉香成回憶説，「可能我的解釋給了他一些新鮮的觀點和啟發」。博卡迪意識到，劉香成的重要性將不只限於是個傳統意義上的攝影記者，在思考中國社會的深層次問題時，劉更像一個擅長分析歸納的文字記者。這在瞬息萬變的新聞世界裏，劉香成有着一種關鍵的分析判斷力。比如毛澤東去世時劉香成來到廣州，雖然廣州距離北京這個政治心臟非常遙遠，但他還是敏鋭地捕捉到了街頭人們的表情和肢體語言，同「文革」期間很不一樣，這就預示着國家的運行軌跡將出現重大變化。當然，劉香成經常幫助美聯社「放火箭」來擊敗其他媒體同行的成績，博卡迪也看在眼裏。

「我想北京這個新增名額，還是給劉香成。」博卡迪作出這樣一個不同尋常的決定，並告訴他的同事們，「等將來劉香成離開北京，可以再讓尼爾·尤利維奇去接班。」這個決定也打破了美聯社的一項慣例——駐外記者通常要先在美國本土有過幾年的工作經驗，而劉香成一天都沒有在美國做過記者，就成為了美聯社正式派駐中國的三人之一，也是唯一的攝影記者。在美聯社這樣的老牌通訊社裏，記者比較常見的職業升遷軌跡，都是先從美國本土某個地方上的分社開始幹起，經過幾年本地新聞的摸爬滾打，幹出成績之後，才有機會到紐約這樣的大城市的總社當一名條線記者，提升到更高層面的視野和圈子。再有幾年異常優異的表現之後，才能更進一步競爭，派到美聯社國際部工作一段時間，才會被考慮派往美聯社遍佈世界各地的站點，開始國際新聞的報道工作。經過這樣人才濟濟的競爭和層層篩選，拿到這樣的駐外記者職位，是非常不容易的。而像劉香成這樣一步到位，直接被派駐中國，在美聯社歷史上絕無僅有。

「文革」十年，中國街頭盛行張貼大字報，從城市到農村的公共場所，存在大量標語告示，這成為政府和公眾表達觀點、獲知輿論動向的一種特色方式。毛澤東本人就曾在 1966 年寫過《炮打司令部——我的一張大字報》，不過毛的大字報並非貼在街頭，而是發表在《人民日報》頭版頭條。在北京西單鬧市區，有一道三米多高、二百多米長的灰色磚牆，是中國最有名的街頭宣傳欄，曾經貼滿批判劉少奇、鄧小平等領導人的大字報。「四人幫」被打倒後，鄧小平復出，西單這道磚牆上又開始大量出現支持鄧小平、要求為「文革」中遭受迫害的眾多幹部群眾平反的大字報，很多人從全國各地來到北京，把冤假錯案的申訴材料貼上牆示眾。1978 年 11 月 26 日，鄧小平在會見日本外賓時說：「寫大字報是我國憲法允許的，我們沒有權力否定或批評群眾發揚民主，貼大字報。群眾有氣，讓他們出氣。」西單這道磚牆被稱為「西單民主牆」，每天有數萬人在牆下駐足觀看。老帥葉劍英也說，西單民主牆是「人民民主的典範」。

駐京外國媒體高度關注西單民主牆，劉香成一有時間就背着相機跑去西單，他直覺這裏會有事情發生。西單民主牆逐漸彙集了很多學生、知識分子和藝術家，例如詩人北島、芒克，他們聯合一群熱愛文學並曾有過「上山下鄉」經歷的知識青年，在 1978 年底創辦了一份民間文學刊物《今天》。北島等人把油印的《今天》張貼在西單民主牆，並散發到北大、清華等高校。在西單民主牆上陸續出現很多民間刊物，如《北京之春》《探索》《沃土》等，但《今天》是其中唯一的一份文學刊物。劉香成跟着北島他們拍攝《今天》的編輯部

活動，有時在這些文學青年家中，有時大家騎着自行車去頤和園、圓明園，那裏總有很多年輕人在朗誦詩歌，或是舉辦露天舞會。

有兩個在西單民主牆發佈消息的民間組織引起了劉香成的興趣：一個是成立於 1979 年 4 月的「四月影會」，這是「文革」後中國最早出現的民間攝影協會，主要成員有王志平、李曉斌、王苗、呂小中等人，他們在天安門西側的中山公園裏舉辦了名為「自然・社會・人」的攝影展，並把展覽公告貼上了西單民主牆。另一個組織是以「星星美展」為核心的一批藝術家，包括黃鋭、馬德升、鍾阿城、王克平、嚴力等人，1979 年 9 月 27 日，民間藝術家們把大量畫作和雕塑擺在了中國美術館外的鐵柵欄上，而美術館內正在舉辦官方組織的「建國三十週年全國美展」。劉香成用相機記錄下了「四月影會」

1980 年，審判四人幫，張春橋（左圖）與江青出庭受審。（攝影呂相友）

和「星星美展」的眾多活躍人物，並和其中一些人混得很熟。「星星美展後來被關掉，藝術家們有意見，就跑到街上去示威遊行。」劉香成説，「我就趕快去採訪王克平、馬德升他們，這些人也不會外語，所以就跟我用中文聊得很多，談問題也比較透徹。中國文化藝術界的這些暗流湧動，當時西方媒體注意到的不多，所以這些報道出來也成了我給其他外國媒體同行放的『火箭』。」

劉香成當時一天去西單好幾次，是唯一一個背着相機的西方媒體記者。如今回想起來，為甚麼對這些社會事件，他會有一種天然的敏鋭性呢？劉香成覺得，這和自己的華人面孔毫無關係，而是和小時候福州的童年生活有着千絲萬縷的關聯。福州的經歷，讓劉香成能夠沒有障礙地理解中國人在討論甚麼問題。不然的話，世界各地的華人連基本的政治語彙和語境都不一樣，彼此溝

1978 年，北京藝術家遊行，追求藝術創作自由。（攝影劉香成）

通無從談起。「舉個例子，台灣人從來不會説自力更生，也根本不懂這個詞是在説甚麼。好比大家都講英語，但是英國人的英語，有時候美國人是聽不懂的。」劉香成説，「中文這方面更明顯。如果從小在香港長大，那麼這些藝術家也好，其他採訪對象也好，未必會覺得我是一個很好打交道的人，他們也未必會樂於來找我，和我交流。」當時中國的黨報黨刊不會報道這些沒有參加任何官方協會的藝術家，他們就很願意向劉香成這個外國記者表達觀點。「我跟鍾阿城比較聊得來，他父親是中國很有名的影評家鍾惦棐。」鍾阿城「文革」時期在雲南插隊當知青，後來在八十年代寫出了小説《棋王》，成為知名作家。「阿城跟我説，他受到的教育主要是中學時代，趴在琉璃廠那家中國書店的地上，讀了很多新華書店沒有的舊書。」劉香成説。「還有一次畫家吳冠中找我，希望《時代》週刊可以介紹一下他的作品。我也沒大看明白，現在他的畫變得無比昂貴。」

但西單民主牆出現的輿論聲勢，很快突破了政府所能容忍的限度。1979年3月25日，西單民主牆貼出了一篇文章《第五個現代化——民主》，這是對1956年寫入中共黨章的「四個現代化」進行了擅自延展，並觸及到了對執政體制的批評。還有一些要求官方進一步放開言論自由和民主權利的人在西單民主牆聚集，發起了示威遊行。「要求民主自由的示威遊行，跟藝術家們抗議展覽被封的示威遊行經常走在一起，兩撥人分不清楚，其實説的是不一樣的事情。」劉香成説，「那段時間外國媒體報道這些遊行的照片基本都是我拍的。」1979年3月28日，北京市政府宣佈，「禁止一切反對社會主義和無產階級專政、反對黨的領導和馬克思列寧主義毛澤東思想的口號、大字報、書籍、雜誌、圖片等材料。」* 第二天，魏京生被捕。西單民主牆下有了巡邏的便衣警員，人流驟減。到這一年的 12 月 6 日，北京市政府又宣佈，禁止在西單張貼大字報，並在月壇公園裏設置了專門的大字報張貼處，派專人負責查問每個想貼大字報的人的真實姓名和工作單位。西單民主牆徹底成為歷史。

❊　　❊　　❊

劉香成是第一個華裔的外國媒體駐華記者，在一眾金髮碧眼的老外同行中間顯得有些另類，不過華人面孔令他外出工作更加方便。上世紀七十年代末到八十年代初，中國社會剛剛走出「文革」陰霾，即使在北京和上海這樣的大城市街頭，外國人有時還會被好奇的中國群眾圍觀。而進入劉香成鏡頭視野的人物，從國家領導人到平民百姓，看上去並不反感「被拍」，甚至在照片裏可以發現拍攝對象與攝影師之間的某種默契，這多少與端着相機的攝影師是「自己人」有關。但劉香成的「多彈頭導彈」業績，頻頻挫敗競爭對手，也並不僅僅因為他長了一張華人面孔。事實上很多時候，華人的身份和更好地理解中國、報道中國，並沒有必然的聯繫。「不過西方媒體中，只有美國媒體在華分社僱用不少華人，比方《華爾街日報》的秦家聰，《新聞週刊》的劉美遠（Melinda Liu）等等。」劉香成說。秦家聰原來是《紐約時報》在美的記者，被《華爾

---

* 西單「民主牆」和社會上的出格言論整理上報後，引起鄧小平的高度重視。1979 年 3 月 27 日，鄧小平明確指出：「四個堅持，堅持社會主義道路，堅持無產階級專政，堅持黨的領導，堅持馬列主義、毛澤東思想的基本原理，現在該講了。」（《鄧小平年譜（1975~1997）上》，中央文獻出版社 2004 年版，第 449 頁）

街日報》挖角之後派駐中國。劉美遠則是原來《遠東經濟評論》的記者，早年在台灣學的中文，後來在《新聞週刊》工作至今。

1981 年 6 月，在中國共產黨十一屆六中全會上，華國鋒辭去了中共中央主席和中央軍委主席的職務，胡耀邦接任黨中央主席，鄧小平接任中央軍委主席，並兼任國務院副總理。中國最高權力格局悄然完成了更替。劉香成拍下了華國鋒站在胡耀邦旁邊，聽後者發言的場面。

「很微妙的，大家都知道誰才是老大。」劉香成説，在外國記者看來，胡耀邦露面的時候並不多，外國政要更希望與鄧小平見面。八十年代初，一些國宴、中南海的舞會等場合也對外國記者開放，而劉香成又是其中唯一拿相機的人。「像萬里、余秋里、習仲勳這些領導人，就拿着酒杯過來跟我們碰杯，氣氛很活躍。」劉香成説，「但是他們有意識地會在我的鏡頭前多停留一會兒。」

劉香成也樂於拍攝這些政治人物平易近人的一面。1982 年 3 月，鄧小平在北京會見美國企業家阿莫德・哈默（Armand Hammer），在劉香成拍下的照片裏，鄧小平斜睨着身旁的哈默，表情俏皮。哈默在美國有「紅色資本家」之稱，因為他 1921 年就開始到蘇聯做生意，列寧稱他「哈默同志」。1979 年鄧小平訪美時就對哈默説：「你是在蘇聯幫助了列寧的人，現在你要來中國幫助我們。」1981 年鄧小平指示當時的煤炭工業部：「哈默願意幫助我們開發山西平朔煤礦，像這樣的專案，我們應該採取非常熱情的態度，不要一家一家彙報，轉圈圈。」此後哈默與中方簽署了合資開發平朔安太堡煤礦的協議，這是全球最大的露天煤礦。

駐華的幾年時間裏，劉香成有很多拍攝中國領導人的機會。例如全國人大和政協開會，重要的外國元首來訪，或是一些有特殊紀念意義的場合，中國領導人都會露面。外交部新聞司就會向各家外媒提前發佈通知，邀請記者們來採訪報道。這類公開場合的拍攝，攝影師站位至關重要，而記者區正中央的最佳機位，通常是新華社、《人民日報》、中央電視台等中國官方媒體的攝影師佔據，他們大多五六十歲，多年從事跟拍領導人的工作。劉香成經常背着相機氣喘吁吁趕到人民大會堂，這些老攝影師看到劉香成，會友好地招呼他過來，在中央位置「加個塞兒」。「我很感謝這些老攝影師。」劉香成説，「那時候我才二十幾歲，他們挺照顧我。因為領導人接見外賓這種場合，你如果不站在中央，就只能拍到後腦勺。」

劉香成與中國官方媒體的同行們一直保持着友好的聯繫。1982 年 3 月，劉香成想到 3 月 12 日是植樹節，就打電話給《人民日報》的一位局級領導，説想組織一些外國記者來人民日報社大院裏種樹，對方很爽快地答應了。劉香成又聯繫幾家外國媒體的駐華記者們，大家對於能去中國頭號黨報活動也都很高興。到了植樹節當天，二十多名外國記者來到人民日報社，這座大院位於長安街的東北方幾公里處，如今是北京的 CBD（中央商務區），與中央電視台新大樓遙遙相對。《人民日報》也有幾十人參與了這次植樹活動，中外記者們一起挖土澆水，揮汗如雨。「那時候外國記者都覺得這樣的活動很自然，不會説劉香成你把我們弄到中共中央的『喉舌』去想幹甚麼。」劉香成説，「但是也有很多中國同行覺得，跟外國人打交道應該謹慎。」劉香成邀請《中國日報》攝影記者王文瀾來外交公寓吃飯，王文瀾説：「我要請示報社領導。」結果報社領導經過研究，通知王文瀾：「我們要遵守外事紀律，你不能去外國記者家裏，也不能一個人去。可以多叫幾個人，約到公共場所見面。」最後約在外交公寓旁邊的國際俱樂部，王文瀾和四個同事一起去，劉香成拿出自己在中國拍的一些照片同這幾位中國攝影師交流。

「我當時感覺，這些照片拍得『不藝術』，沒見過這樣拍照的。」王文瀾後來説，「劉香成拍照片不講光線，也不講構圖，拍的很多都是普通老百姓，這跟我們當時的拍法都不一樣。」直到 1983 年看到劉香成在英國企鵝出版社出版的攝影集《毛以後的中國》（*China After Mao*），王文瀾才意識到，這種攝影理念的「不一樣」，最終造成了具體作品之中多麼大的差異。

劉香成在 1979 年拍攝美國副總統蒙代爾訪華時，遇到過身旁的一位新華社攝影記者，為了追求構圖的「美感」，移動了現場一隻煙灰缸的位置。還有一次在山西的煤礦，劉香成準備拍攝滿面煤灰的礦工，卻遭到了煤礦幹部的阻攔。幹部堅持要求等礦工們洗完澡穿戴整齊再拍照，理由同樣是為了「好看」。這類情況讓劉香成覺得好笑又無可奈何：「中國礦工是世界上唯一一群在地下六百米深處勞動一天之後，還能保持渾身一塵不染的人。」1980 年，劉香成在成都機場看到一架空軍的噴氣式戰鬥機，為了省油，飛機並沒有發動，而是有一群人用板車拖着飛機在跑道上行進。劉香成大感有趣，舉起相機，但機場的保安攔住了他，警告劉香成不許拍照，並且層層上報到了外交部。

駐華外國記者的身份讓劉香成感覺如魚得水，他只需簡單地自我介紹，就可以登門拜訪中國很多傑出的人物。比如作家黃苗子、吳祖光、白樺，畫家黃永玉，相聲大師侯寶林，這些老人家大多在「文革」中飽經滄桑，他們同年輕的劉香成都聊成了忘年交。劉香成三十歲生日那天，侯寶林、黃永玉都寫字送給他，老先生們還教劉香成怎麼吃大閘蟹。新鳳霞畫了一幅桃子送給劉香成，她是中國最有名的評劇女演員，也是作家吳祖光的夫人。有段時間劉香成經常去吳祖光家，新鳳霞下廚做菜，但他們遵循傳統的規矩，女人和男人分開桌子吃飯。吳祖光以戲劇創作著稱，1957 年被劃為右派，下放北大荒農場勞動，直到 1979 年才得以平反。劉香成和這些文化老人談笑風生間，其實不動聲色地完成了他的工作——找到最佳的角度，按下快門。

德國《明鏡》週刊駐華分社的社長帝奇亞諾・坦尚尼（Tiziano Terzani）是個義大利人，他曾經和劉香成一同去拜訪作家白樺。帝奇亞諾一邊和白樺交談一邊記筆記，努力想讓白樺講出更多有價值的故事，而劉香成只是安靜地待在房間裏，尋找合適的拍攝時機。白樺曾經是解放軍的宣傳幹部，1958 年被劃為右派，1979 年平反後，他發表了電影劇本《苦戀》，講述「四人幫」迫害知識分子的故事。在臨近結尾的時候，故事中的女兒問她飽嘗苦頭的父親：「您愛這個國家，苦苦地戀着這個國家，可這個國家愛您嗎？」劇本《苦戀》和據此改編的電影《太陽和人》引發了文藝界持續兩年的爭論，甚至驚動了鄧小平。1981 年 7 月，鄧小平在同中宣部官員開會時説：「《太陽和人》就是根據劇本《苦戀》改編的電影，我看了一下。無論作者的動機如何，看過以後，只能使人得出這樣的印象：共產黨不好，社會主義制度不好……不愛共產黨領導的社會主義的新中國，愛甚麼呢？」身陷批判風波的白樺十分苦惱。帝奇亞諾事後回憶和劉香成共同完成的那次對白樺的採訪，表示了對攝影記者的嫉妒：「我沒法把所有的東西都記錄下來，而劉已經拍了一張絕妙的肖像……對我，白樺能夠隱藏自己，而在劉的照相機下他卻無處遁形。」在那張照片裏，白樺被房間裏的陰影籠罩，但他的臉和手被照亮，顯現出力量。帝奇亞諾説：「劉香成出色的天賦不在於曾經親歷現場一次，而在於他多次的觀察。對真正的攝影師來説，故事不是你奔赴一個地址，攜帶着高檔照相機和所有正確的濾鏡。故事意味着閱讀、研習，和充分準備。拍攝意味着從周圍的環境中觀察你在閱讀中領略到的東西。偉大的照片都是思想的呈現。」

帝奇亞諾説出了攝影記者與文字記者工作方式的不同，而在劉香成看來，身為攝影師卻要努力從文字作者的角度思考問題，攝影並不是簡單地按下快門。「我要花很長的時間，通過談話和日常的交往，才能了解一個人。」劉香成説，「而這些大師級人物自身的經歷，和他們對中國問題的看法，也幫助我更深入地了解這個國家。」

⁂

二十世紀八十年代初，中國政府風氣漸漸開放，駐華的外媒記者同各級官員保持着較為密切的聯絡——這種聯絡既包括很多正式的會議和考察活動，也包括官員與外國記者之間的私人交往。劉香成經常邀請外交部熟悉的幹部，還有一些國家駐華的外交官，在建國門的外交公寓一起吃晚餐。大家喝着紅酒聊天，這種輕鬆愉悦的聚會，其實是西方國家常見的「吹風會」——官員可以透露一些政策情況和個人看法，媒體通常以匿名方式、有選擇地發佈這些消息，例如「據知情人士透露」。「這是一個重要的遊戲規則，也是很有價值的消息源。」劉香成記得，時任外交部美大司司長朱啟禎也來出席過外交公寓的晚餐會。朱啟禎長期處理中美外交事務，後來做過中國駐美大使和外交部副部長。中美建交後，美國仍時不時向台灣出售武器，引發北京的強烈抗議，這是外國記者很關心的話題。「我們吃晚飯的時候，中國的外交官就會解釋一下北京的底線在哪裏，思考問題的方式是怎樣的，這對於我們理解那些措辭強硬的政府聲明很有幫助。」劉香成說。

1983 年，外交部新聞司組織一群外國記者去峨眉山採訪，隨行的有當時還是處級幹部的李肇星，他在二十年後成為中國外長。在走一段山路時，劉香成覺得腰很痛，李肇星表示要帶劉香成去醫院，説着就接過劉香成裝滿攝影器材的沉重背包背在自己身上。

兩人邊走邊聊，説起了當時在美國暢銷的一本關於中國的書《苦海餘生》。李肇星説：「那本書裏用了很多你的照片。」

劉香成説知道。《苦海餘生》的作者就是《紐約時報》駐華記者包德甫，他在中國工作兩年後回到美國出版了這本書，英文原名《*China: Alive in the Bitter Sea*》，書中描述了 1949 年後直到「文革」時期中國社會的種種荒誕現實。按照中國官方的説法，這本書無疑屬於「惡意抹黑中國」的一類，但在美國十分暢銷。

劉香成記得，大約 1981 年的一天，他突然接到外交部新聞司的通知，請他到外交部「談話」。原因不明的官方約談，讓劉香成感到緊張。當時外交部的辦公樓在朝內大街二二五號，劉香成被工作人員帶到一個空曠、莊嚴的大禮堂裏，出來見他的是外交部新聞司的官員姚偉。

兩人在禮堂裏坐下來，劉香成心説不妙，談話不是應該在一間小辦公室裏嗎，怎麼選在這麼大的禮堂裏。姚偉開口說：「劉先生，我們一直在關注你的工作。」

劉香成想，該不會是哪裏出了問題，外交部要驅逐我？

姚偉繼續說：「我們注意到，1979 年到 1981 年，西方媒體關於中國的報道裏，有很大部份，準確說是百分之六十五左右的圖片，是你拍攝的。」

劉香成稍感放心：「是的，因為這段時間只有我拿着相機。」他對外交部新聞司竟然如此詳盡地記錄和分析外國媒體報道感到驚訝。

姚偉又說：「我們還注意到，在外國記者裏頭，中國方方面面的事情都會報道的，也只有你。」

劉香成明白了這位外交部官員的意思。中國政府長期有一種擔憂，就是外國媒體在報道中國社會現實時，常常「戴着有色眼鏡」，會選擇性報道一些貧困落後的地區，或是持不同政見的人物——的確有些外國記者是這麼做的，中國政府將此類報道內容視作需加防範的「負面新聞」。而在姚偉看來，劉香成的照片是客觀、全面地記錄了一個處於轉變發展過程中的國家，既有國家領導人，也有平民百姓；既有正在進行中的農村經濟改革，農民們開始承包土地，也有城市裏逐漸增多的巨幅商業廣告和現代化設施，還有那些離開體制內單位「下海」的商人——姚偉說：「雖然你也拍了很多西單遊行示威的照片，但並不是天天盯着這種事情，還是能夠看到政治領域以外，中國人的生活改善的。這讓我們感到欣慰。」

劉香成也表示感謝，雖然這是一次私下約談，姚偉的身份還是代表了外交部新聞司，這說明官方對劉香成工作的認可——至少是工作量的認可。姚偉最後半開玩笑地說：「劉先生，你以後工作可不可以不要這麼努力？」

⁂ ⁂ ⁂

有時很難預料，甚麼樣的照片會引起外國讀者對中國的興趣。1979 年，劉香成聽說湖南有個「女巨人」，好奇心驅使他乘車輾轉跑到洞庭湖一個島上的農村裏，拍下了身高二點四米的曾金蓮和她身邊的鄉親們。拍完照片，曾金蓮一屁股坐在旁邊一輛上海牌轎車的車頂上，她伸開雙臂，「像一隻巨鷹。」劉香成目瞪口呆。上海牌轎車誕生於六十年代，上海汽車製造廠的工人們拆卸了包括賓士 180S 在內的幾台進口轎車，仔細研究每個零件以便仿製。由於缺乏製造汽車必備的精密機床，老師傅們硬是拿着鐵錘，手工打造組裝出了早期車型。這種國產小轎車最初每年只能生產幾十台，七十年代投入量產後，每年可生產五千台，是當時省市級公務接待的主力用車。中國女巨人的照片發表後被外國媒體廣泛轉載，「可能人們也是喜歡八卦一點的東西。」劉香成說。

1979 年 10 月，為剛剛落成的首都國際機場一號航站樓準備的巨幅壁畫對公眾展出，其中一幅名為《潑水節》的壁畫上，畫着幾個正在沐浴的傣族裸體少女。這幅壁畫引起公眾爭議，外國媒體報道稱：「中國公共場所的牆壁上出現了女人裸體，預示着真正的改革開放。」一度有人將這幅壁畫用布簾遮住，還曾經用木板釘死。在內地投資的港商霍英東說：「我每次到北京，先看這幅畫還在不在，如果在，我的心就比較踏實。」

機場裸體壁畫的作者是中央美院的青年教師袁運生。因為這幅壁畫，時任中宣部部長王任重找袁運生談話，問他能否修改壁畫。袁運生回答：「歷史上教皇讓米開朗基羅改畫，就成為了醜聞。」後來鄧小平到機場看壁畫，說：「我看可以嘛。」圍繞機場裸女壁畫的爭議才逐漸平息。1981 年，美國主管亞太事務的助理國務卿理查德．霍爾布魯克（Richard Halbrooke）來華，他問劉香成：「我每次來中國都是開會，有甚麼好玩的事情可以出去看看？」劉香成就帶理查德來到中央美院袁運生的畫室。袁運生和他的太太還有兩個孩子都住在畫室裏，房間外面做飯，裏面作畫，袁運生很高興地從床底下拿出自己的很多作品給助理國務卿看。

看完畫出來，理查德對劉香成說：「他的畫很好，我們是不是可以邀請他去美國？」劉香成說：「那很好呀。」第二年，理查德果然聯絡了美國一家藝術基金會，請袁運生到美國哈佛大學做訪問學者。

1980 年，劉香成和理查德．伯恩斯坦、維多利亞．格萊姆一起去爬峨眉山。到半山腰看到一些當地農民蓋的木板房，一位老農正端着碗吃飯。在他身後有個堆滿雜物的貨架，上面露出已經有些殘破的毛澤東畫像，而毛像旁邊還貼着一張標語，上面只有五個字「聽華主席話」。

劉香成立刻舉起相機拍下了這個場景。多年之後他饒有興致地回味：「這張照片給很多外國人看是不明白的，只有中國人知道其中的含義。」在他看來，中國老百姓的日常生活裏嵌入了太多的政治符號，無論工人、農民、學生、幹部，每個人從小到大都要學習政治。「1982 年我請社科院的學者幫我計算，從 1949 年中華人民共和國成立到當時，三十三年裏面一共有多少場政治運動。」劉香成說，「答案嚇我一跳——二十五場，也就是平均一年多就會有一場運動。那段時間裏中國人的生活離不開搞運動，這在整個人類社會的歷史上也是絕無僅有的一場社會實驗。」

天安門廣場是全世界面積最大的城市中心廣場，也是中國最重要的政治活動中心。在北京生活的幾年裏，劉香成幾乎每天都要經過天安門廣場，這裏成為他觀察中國人生活的一塊陣地。1981 年初夏的一個晚上，劉香成路過天安門廣場，看到很多年輕人，三三兩兩席地而坐，借着廣場華燈的照明認真讀書。1977 年冬天，在鄧小平的大力推動下，中國恢復了高等學校招生全國統一考試，約五百七十八萬人參加考試，二十七萬多人被各類大學錄取。1978 年開始，高考定在每年夏季舉行。此前的「文革」期間，高考中斷多年，毛澤東曾經鼓動大中學生「上山下鄉」，鄧小平則讓青年們重新回到課堂。

劉香成拿出隨身攜帶的小型徠卡相機。廣場上的燈光並不明亮，坐在堅硬的地面上讀書也不舒服，但對於這些準備參加高考的年輕人來說，最重要的一點是：路燈是免費的。劉香成憑藉直覺，決定採取二十三秒的長時間曝光。他悄悄蹲在一個捧着書本的女孩子前面，在不驚動對方的情況下按下 B 快門（手控快門），然後心裏默數「一、二、三、四……」直到二十三秒。

1981 年 11 月 15 日，中國女子排球隊在日本舉行的第三屆女排世界盃賽上擊敗了美國隊；第二天，中國女排又戰勝了東道主日本隊，獲得了這屆比賽的冠軍。女排奪冠的消息令中國百姓群情激昂，在北京，浩大的遊行隊伍湧向天安門廣場，劉香成也帶着相機趕過去。體育競技在中國並不單純是一種消遣娛樂的運動，而是寄託了億萬人民複雜沉重的民族感情。對於中國女排，這是史上第一個世界冠軍。劉香成爬到天安門廣場的交通崗亭上，準備從稍高一點

1981 年，北京青年在天安門閱讀準備高考。（攝影劉香成）

兒的位置拍攝歡慶勝利的人群，結果他被人們抓住，高高拋向天空，然後摔在地上。混亂擁擠的人群中，有人推了劉香成一把，在他耳邊喊道「快跑」。等到劉香成從人群中擠出來跑回貴賓樓的停車場，他才發現自己身穿的大衣滿是散發異味的破洞，有人向他潑灑了硫酸。

第二天，外交部新聞司官員姚偉給劉香成打電話，向他表示歉意。「他覺得中國的治安沒有搞好，讓外國記者在採訪當中遭遇危險。」劉香成說，「好在我沒有受傷，但那次經歷讓我意識到，當你身陷群眾運動時多麼可怕。後來我再拍攝遊行人群時，就知道要盡量避免直視他們的眼睛。」

1949 年 -1983 年歷次政治運動：

- 1947-1952 年 土地改革運動
- 1949-1950 年 思想改造運動
- 1950-1953 年 鎮壓反革命運動
- 1950-1951 年 連隊民主運動
- 1951-1952 年 三反五反運動、忠誠老實政治自覺運動、批判《武訓傳》、文化教育戰線和知識分子思想改造運動、文學藝術界整風學習運動、愛國增產節約運動
- 1951-1953 年 民主改革運動
- 1952-1953 年 大肅托（托洛茨基主義者）
- 1953-1956 年 生產資料所有制的社會主義改造
- 1952-1956 年 胡風反革命集團案
- 1953-1954 年 反對違法亂紀運動
- 1955-1955 年 肅清暗藏的反革命分子運動
- 1957-1957 年 大鳴大放
- 1957-1958 年 反右運動、農村社會主義教育
- 1958-1958 年 軍隊反教條主義、人民公社化運動、拔白旗插紅旗運動
- 1958-1960 年 除四害運動
- 1960-1960 年 反瞞產私分運動
- 1960-1961 年 整風整社（農村三反）運動、軍隊兩憶三查運動
- 1962-1966 年 四清運動
- 1963-1963 年 學雷鋒運動
- 1963-1976 年 農業學大寨運動
- 1966-1976 年 工業學大慶運動、無產階級文化大革命
- 1967-1974 年 清查「五·一六反革命集團」運動
- 1967-1967 年 三支兩軍（支左、支工、支農、軍管、軍訓）
- 1968-1978 年 城市青年上山下鄉運動
- 1968-1968 年 三忠於、四無限運動
- 1970-1972 年 一打三反運動
- 1970-1971 年 批陳整風運動
- 1974-1975 年 批林批孔運動
- 1975-1977 年 批鄧、反擊右傾翻案風運動
- 1976-1979 年 揭批查運動
- 1982-1986 年 清理三種人
- 1983-1983 年 **清除精神污染**

還有一次，劉香成開着美聯社的一輛豐田小汽車行駛在長安街上，已經是晚上六點鐘以後，漆黑的夜幕籠罩廣場。剛過天安門西側，就見路上圍着一群人，不知道發生了甚麼事情。劉香成趕着去西單電報大樓發稿，沒有理會，繼續行駛不遠，又看到一群人在路上。繞過人群，劉香成到西單發完稿件，準備驅車返回齊家園外交公寓。又走到接近廣場的地方，突然撞到了長安街上正在散步的一頭黑毛驢。劉香成下車，感到非常困惑。這時警員聞聲趕來，路邊迅速圍攏了一圈看熱鬧的群眾。劉香成很生氣地問警員：「這裏是全世界最大的廣場，晚上八點多鐘，為甚麼會有一頭毛驢在長安街上？」

警員一看劉香成開的是黑牌的外交用車，嘆了口氣說：「你先走吧，明天上午十點鐘，到我們南池子公安局外事處來處理。」

劉香成問：「這到底怎麼回事？」

警員一指馬路對面的兩群人，說：「你看那邊，先是一個葡萄牙的外交官開車撞上了一個農民的板車，這頭毛驢就是拉板車的，被第一輛車撞了以後就跑。沒跑多遠，一個法國的外交官開車又撞到毛驢。毛驢繼續跑，現在又被你撞了，你們三輛車都是黑牌。」警員過去查看倒在地上的毛驢，又過來對劉香成說：「毛驢已經死了。你先走，現在圍觀群眾對你很有意見。」

劉香成只好開車回外交公寓。第二天上午，他趕到指定的公安局，警員說：「這樣吧，一頭毛驢價值三百元。但是毛驢已經死了，那個農民把毛驢的肉賣了兩百多塊錢，現在還差五十塊錢，你就賠償這五十元的損失吧。至於你的車，反正有保險，你就去修好了。」

劉香成支付了五十元，然後去修車。車前燈被毛驢撞壞了，王府井有中國保險公司指定的維修點，修車師傅一看這輛車和劉香成的保險單，問：「你是美國的記者，那你認不認識一個法國的記者，好像是法新社的社長？」

劉香成説認識。修車師傅説：「麻煩你幫忙轉告他，叫他開車當心一點兒。他經常把車碰壞了就來我們這裏修，次數太多了所以我記得他。」

劉香成心想，廣場很大，但是北京真小。

✣ ✣ ✣

1982 年 2 月 19 日，鄧小平在北京接見了美國依柏斯公司副總裁吳光叔博士——這就是劉香成在紐約讀大學時，華人留學生圈子裏的那位老朋友。吳光叔知道劉香成在北京，兩人通電話聊天。當時中美關係正因為美國售台武器問題變得日趨緊張，鄧小平在同吳光叔會談時表達了很強硬的姿態。聽完吳光叔的描述，劉香成馬上寫成稿件由美聯社發表。「那天消息發出去不到兩個小時，美國駐華大使館的公使 Peter Tomsen 就來敲我的門。」劉香成説。「這件事情説明兩點：一是可以看到鄧小平對海外華人的重視，吳光叔是吳忠信的兒子，當時他所在的那家公司又是搞核電的；二是我們這些非正式的消息管道，對於新聞報道工作其實非常重要，各方的反應也非常迅速。」

外媒駐華記者圈子很小，總共不過幾十人，大家彼此都很熟悉，工作之餘經常聚會交流。大部份人都住在建國門外的齊家園外交公寓，這裏是外交部新聞司為外國記者安排的宿舍，配備了翻譯、廚師和司機。但有個義大利記者西格蒙德．金斯伯格（Sigmund Ginsberg）不住在齊家園，自己在前門附近租了個房子住，因為他是義大利共產黨機關報《團結報》的記者，在中國與他對接的機構是負責黨務工作的中聯部，而非外交部。齊家園的外交公寓門口有武警崗哨，客人進出都要登記證件，其他外國記者因此很羨慕金斯伯格，他自己租房子，可以自由地開派對請客吃飯。「我們都很羨慕他能住在老百姓的生活區。」劉香成說。

另一位義大利人、德國《明鏡》週刊記者帝奇亞諾·坦尚尼更愛玩，他跑去跟王世襄學習鬥蛐蛐兒，後來還寫成文章。王世襄是中國學識淵博的文物專家和收藏家，號稱「京城第一玩家」，他教帝奇亞諾如何到北京的潘家園舊貨市場「淘寶」，那裏常有些珍貴的古玩和明清傢具，混雜在大量贗品中出售。帝奇亞諾還把兩個孩子送到北京的普通小學裏，和中國孩子做同學。1984 年，中國政府指控帝奇亞諾「從事反革命活動（非法進口文物）」，將他驅逐出境。翌年帝奇亞諾在美國出版了《禁門：在隱秘的中國旅行》（《*Behind the Forbidden Door: Travel in Hidden China*》），講述他在中國的遊歷故事。

「某種意義上説，在上世紀八十年代，改革開放之初，正是這樣一群外國記者的筆桿子，在國際上塑造了中國的形象。」劉香成説，「就像白樺先生寫的《苦戀》一樣，這些外國記者跟中國之間也有一種『苦戀』，就是住在這裏很多年，你會帶有複雜的感情來看待這個國家。」

還有個義大利記者路易吉·盧卡諾（Luigi Lucano），劉香成認識他時，他已經在中國待了將近十年，後來終於被調往東京。可是第二年夏天，劉香成去北戴河，在火車上又碰到路易吉。

劉香成打招呼：「路易吉，你又回中國工作啦？」

路易吉說：「沒有，我是來度假。」

劉香成心裏暗笑，説你在中國待了這麼多年還沒夠，度假那麼多地方好去，為甚麼又來中國？

路易吉説：「在日本我很生氣，日本人學做我們的義大利麵，結果比我們義大利人做得更好吃。」

兩人大笑。路易吉又説：「我還是喜歡中國。」

美聯社為駐華記者提供了相當優厚的待遇，不僅薪水可觀，還包括每工作三個月就可以獲得十天的假期。劉香成通常會帶着家人去東南亞國家度假，機票酒店費用都由美聯社報銷。「美國人的觀念是，把你派到中國這樣的共產主義國家，屬於很辛苦的工作，所以要給你最好的待遇作為補償。」劉香成説，但他在中國並不覺得生活上有甚麼不習慣，除了看不到最新的電影和雜誌，缺乏一些西方國家的先進產品，八十年代的北京已經漸漸恢復活力。當時城中較好的餐廳有五家：豐澤園、四川飯店、北京飯店、北海公園的仿膳，還有後海的烤肉季，這五家是外交人員請客時的首選。飯店也幾乎不需要點菜，只需按幾種標準價位選擇，一桌菜從每人五元、十元、二十元到五十元不等。1997年劉香成回到北京居住，邀請當時的英國駐華大使到家中吃飯。大使告訴劉香成，自己在上世紀七十年代做過英國駐華使館的三等秘書，當時這位三秘的日常工作中，就包括安排大使的宴請。有一次他為當時的英國大使安排了一桌每個人標準是五元錢的菜，事後遭到批評，因為英國使館的規定標準是每桌每人三元——在七十年代的北京，這已經足夠吃一頓豐盛的美味佳餚。

八十年代初，鄧小平推動中國啟動全面的經濟改革，一些軍工企業的產品開始向民間市場開放流通。劉香成買了一輛解放軍士兵經常騎的綠色三輪挎斗摩托車「長江 750」，這種摩托車其實源於二戰時納粹德國軍隊使用的「寶馬 R71」，後來蘇聯以寶馬 R71 為原型仿製出「烏拉爾 M72」，1957 年中國從蘇聯獲得了製造這種摩托車的技術，開始大量生產「長江 750」摩托車裝備部隊。

摩托車買回來，劉香成發現了一個新問題：怎樣給這輛車上牌照呢？

駐華的外國媒體機構都有外交部核准配備的公務用小汽車，掛的是「使」字黑牌，但沒人知道這輛挎斗摩托車應該上甚麼牌照。劉香成接着發現自己持有的汽車駕照，按規定並不包括駕駛這輛摩托車。北京外交人員服務局給劉香成找來一位教練。「其實我會開摩托車，」劉香成說，「但是按照規定，我必須在教練指導下學習，然後通過考試才能拿到駕照。」劉香成考了三次都沒通過，納悶不已，後來去打聽才知道，有關方面覺得一個外國記者已經有汽車駕照了，又要騎個摩托車到處跑，不太妥當，所以故意不讓劉香成通過考試。

「其實我也不是為了避開監視甚麼的。」劉香成說，「只是因為摩托車比較方便。」北京有很多狹窄的小胡同，汽車難以通行，劉香成就無證駕駛「長江 750」出門，有時執勤的哨兵還會向他敬禮。

政府對外國記者的監控，其實各國都有，中國也不例外。時間長了，劉香成跟負責「盯梢」他的幾位「有關部門的人」都混了個臉熟，彼此心照不宣。劉香成有時開美聯社的一輛豐田車出去，後面就會跟上一輛賓士 280，當時全北京的賓士車屈指可數。有次劉香成開着豐田進了一條胡同，後面賓士 280 也跟進來，果然卡住。劉香成就下車過去，幫忙指揮賓士司機倒車。還有一次劉香成去王府井，看到很多人在商店前面排隊，搶購西洋裸體油畫製成的掛曆，這在當年是很時髦的禮品。劉香成就舉起相機拍照，正在工作中，突然有人拍他肩膀。劉香成轉頭過去，見一個陌生人不説話，只是用手指着劉香成的大衣口袋。

劉香成一摸，錢包不見了。

陌生人還是不説話，示意劉香成跟他走。

兩人從王府井百貨大樓穿過去，走到後面的派出所，在一個小房間裏坐定。民警過來把劉香成的錢包和證件擺在桌子上，問：「看看這些是你的東西吧？齊了沒有？」

劉香成查看一下，分文不少，就是自己放在大衣口袋裏的東西。他明白遇到了扒手，但是扒手不知道自己偷的這個人，身後還有人盯着。

民警説：「偷你東西的扒手就在隔壁屋子裏。」

劉香成問：「我能和他聊兩句嗎？」

民警説：「不行。你拿好自己的東西，快走吧。」

❊ ❊ ❊

1980 年，劉香成想要拍攝一組台灣海峽兩岸日常生活的照片，反映兩岸關係的變化。他先到福建，在大陸這邊面對着金門島的海邊拍攝，然後飛過海峽去對岸的台灣。在台北機場，劉香成去逛機場書店。

「我每到機場，一貫喜歡去看一眼機場書店賣甚麼書報雜誌。」劉香成看到，《美國新聞與世界報道》（*U. S. News & World Report*）剛好刊登了自己拍攝的中國領導人的照片，卻全部都被人用紅色的蠟筆手工塗抹掉了。劉香成感到詫異，又找到一本《新聞週刊》（*Newsweek*），一看是同樣的情況，裏面有時任中共中央政治局常委李先念的照片，也是被紅色的蠟筆塗抹掉了。「雖然當時蔣經國政府沒有直接禁掉有中國大陸新聞報道的美國雜誌，但是台灣的新聞審查，用的是勞動密集型的方法，手工塗抹掉所有相關報道。」劉香成說，「這可真是很累的工作」。

在台灣的幾天裏，台灣「國防部」批准了劉香成去金門島的申請。坐在一架小型飛機上，劉香成問機組人員：「為甚麼我們飛得這麼低？」

回答是：「我們可不想被對面『共匪』的雷達偵測到。」

到了金門島上，見到當地駐軍的領導，是個一口山東口音的北方漢子。此人坐在一個沙發上，「那沙發看起來，跟北京人民大會堂裏用的沙發簡直是同款。」劉香成說，「那天吃飯，跟北京唯一不同的是，這個軍人敬我酒用的是金門高粱，不是茅台。」

放在顯眼位置展示的照片，都是拍攝從大陸順着洋流漂到金門島上的各種物品，每張照片的介紹導語，都必定以「共匪」作為開頭。

後來，劉香成還去了台灣南部的墾丁公園。在一個寧靜美好的下午，在高處用望遠鏡可以望到菲律賓。劉香成正在拍照，一個穿便衣的民兵突然不知從哪裏冒出來，要求劉香成交出膠卷。還有一次劉香成拍攝台灣的高速公路，也有個軍警出現，要求劉香成交出膠卷。有一天晚上，美聯社台北分社的同事帶劉香成去拍攝傳奇歌星鄧麗君，她的輕吟淺唱當時風靡大陸。劉香成拍攝了鄧麗君在後台的化妝間，鄧麗君也送了簽名卡帶給劉香成。「當我結束在台灣的幾天行程，準備離開台北前往香港時，台北機場的海關警衛試圖禁止我攜帶幾十卷還沒有沖印的三十五毫米膠卷登上飛機。」劉香成說，「還好我早有準備，登機前去拜訪過台灣的新聞局，見到局長宋楚瑜，他給了我一張名片。」劉香成就對台灣海關官員說：「要是想沒收我的膠卷，你要打電話給宋先生。」官員揮揮手，讓劉香成通過了。

1981 年，劉香成的生活中有兩件事意義深遠。一件事是這年夏天，英國企鵝出版集團總裁彼得·梅耶（Peter Mayer）來到北京，他對偌大的中國出版市場充滿好奇。彼得·梅耶向在中央電視台教中文的一位英國老師詢問「北京有甚麼有意思的人」，對方告訴他，「你應該去看看劉香成拍攝的中國圖片。」在北京建國飯店，彼得·梅耶和劉香成見面，看了後者帶去的一堆攝影作品後，彼得·梅耶對劉香成說：「劉，你很年輕啊，你願不願意成為一位三十歲的企鵝作者？」

劉香成說：「當然願意。」

為了這本即將在企鵝出版社出版的攝影集，劉香成請作家白樺題字，白樺揮筆寫了「實踐是檢驗真理的唯一標準」。

1981 年的另一件事情是，劉香成在北京西城區的一所小院子裏，見到了年過七旬的愛新覺羅·溥傑。溥傑是滿清末代皇帝溥儀的弟弟，1912 他們家族結束了對中國兩百多年的統治。此後歷經日軍侵華戰爭和國共內戰，1950 年溥儀和溥傑兄弟被關押在遼寧撫順戰犯管理所，接受共產黨的思想改造。1959 年，溥儀獲得特赦出獄，並且成為全國政協委員。第二年溥傑也重獲自由，後來被安排到全國人大任職。溥儀在 1967 年病逝，溥傑和他的日本皇族妻子嵯峨浩一直生活在北京。劉香成問溥傑：「你家裏現在還有甚麼東西，是過去留下來的？」他指的「過去」，是愛新覺羅家族還住在紫禁城裏的時候。

溥傑想了想：「哦，門外有一隻狗。」

劉香成跑出去看，院子門口有一隻瓷雕的狗，栩栩如生。溥傑說：「這隻狗是德國國王送給我們家的。」

劉香成一直在考慮怎樣拍攝溥傑，他提議約個時間，去故宮拍張照片。溥傑欣然應允。

到了約定的那天下午三點半，故宮博物院已經停止售票，參觀的遊客正在陸續離開，劉香成跟隨溥傑走向城樓旁邊的入口。門衛認出了溥傑，連忙說「請進」。

兩個人緩步走進空曠的紫禁城。「這裏是我和哥哥學騎自行車的地方。」溥傑指着通向太和門的寬闊大道，向劉香成介紹，「那邊的亭子，我和哥哥在裏面學過英語。」負責教授滿清皇族兄弟英文的外籍老師是蘇格蘭人莊士敦（Reginald Fleming Johnston），他給溥儀取英文名「亨利」（Henry），溥傑則是「威廉姆」（William）。作為「洋帝師」，莊士敦熱衷引導中國的小皇帝接觸西方文明，宮裏還安裝了電話機。二十世紀三十年代，莊士敦返回英國後，寫了本書叫《紫禁城的黃昏》。

紫禁城的黃昏時分，空曠的大殿前廣場上，溥傑在一把椅子上坐下來，劉香成拿出相機。溥傑雙手抱在胸前，笑意盈盈面對鏡頭。

「我也是一生難忘啊。」劉香成說，「有那樣一位老先生，給我當導遊，參觀他從前的家。」

叁

美國視角

1849 年 1 月 11 日，六家紐約報紙——《紐約先驅報》《紐約太陽報》《紐約論壇報》《紐約商業日報》《快報》《紐約信使及問詢報》——聯合簽署了一份協議，約定共同採集新聞並向紐約以外的報紙出售新聞，組建「港口新聞聯合社」——這就是美聯社（The Associated Press，簡稱 AP）的前身。「美聯社」這個名稱從 1900 年開始使用，1914 年第一次世界大戰爆發時，美聯社有一百多家加盟的會員媒體，到了二戰後，美聯社的會員媒體已經超過一千三百家。這些會員媒體可以共用美聯社發自全球的新聞報道和攝影圖片，並根據各自機構的規模大小和用稿數量向美聯社繳納會費。美國作家馬克．吐溫說過：「給地球各個角落帶來光明的只有兩個：天上的太陽和地上的美聯社。」印度聖雄甘地在接受美聯社採訪時說：「我猜當我死後站在天堂之門，碰到的第一個人會是美聯社記者。」時至今日，美聯社仍然是世界最大的通訊社，在全球一百二十多個國家和地區設有分支機構，不僅為全美國一千五百多家報紙和六千多家電台、電視台服務，還向全世界超過一萬家新聞媒體供稿。

1983 年，劉香成的第一本攝影集《毛以後的中國：1976-1983》（*China After Mao: 1976-1983*）由英國企鵝出版社推出英文版。書中收錄了劉香成的九十六張攝影作品，在西方世界和中國國內都產生了巨大影響。攝影家王文瀾說：「看完劉香成這本書，我的後脖梗子彷彿挨了重重的一擊。看來只用眼睛照相不行，要長心眼，要用心拍照片。」攝影家賀延光找人把劉香成這本書裏的圖片註釋翻譯成中文，在國內攝影界交流傳閱。西方攝影界有評論，稱劉香成這本書是「1949 年共產黨當政以來，這個國家最真實時刻的照片呈現」。《新聞週刊》更是將劉香成譽為「中國的布列松」。

到 1983 年底的時候，劉香成已經在中國連續工作了五年，對一個世界級通訊社的駐外記者來說，他在同一個地方待得夠久了。美聯社是新聞界「客觀報道」理念的最早宣導者，即主張新聞報道應當客觀、獨立、平衡，不帶任何感情色彩地陳述事實。所以美聯社派駐海外的記者，通常三年左右就會調換到其他國家，在美國本土的記者也會在各個州的記者站之間輪崗，這有助於保持記者對新聞的敏鋭嗅覺。「如果你每天開車出門都是向右轉，三年後你就會覺得向右轉是天經地義的事情。」劉香成説，「國際新聞記者其實是觀察世界的一雙眼睛，而美聯社不希望它的眼睛戴上有色眼鏡，不希望記者在同一個地方待久了，對這個地方產生主觀的感情。」

這是一方面原因，另一方面，劉香成在中國的工作順風順水，也感覺需要換個地方證明自己的能力。「這方面我還是有點兒湖南人的倔勁的，不想讓人家説，噢，劉香成因為是華人，所以在中國自然幹得好，換個地方就不知道怎麼樣了。」他向紐約總部提出了申請，希望結束在中國的工作。

這時美聯社社長基斯．弗勒（Keith Fuller）做出決定，將劉香成調回美國本土，安排到洛杉磯分社工作。「這也是一個破格的決定。」劉香成説，美聯社在美國本土有四大分社：紐約、華盛頓、芝加哥和洛杉磯，洛杉磯分社負責美國西部地區多個州的新聞統籌，那裏已經有四五個資深的攝影記者了，包括曾經獲得普利策獎的越南裔攝影師黃功吾（Nick Ut），他最著名的一張照片《戰火中的女孩》，是拍攝越南戰場上被汽油彈擊中的一個女孩，哭喊着撕下燃燒的衣服。洛杉磯分社增加一個攝影記者名額給劉香成，弗勒社長告訴他：

「你要在美國本土做新聞，才能明白美聯社的 DNA 是甚麼。」

1984 年夏天，劉香成花了一個月時間，把家從北京搬到洛杉磯。美聯社亞洲總社攝影師尼爾・尤利維奇從東京趕來接任駐華攝影記者。在首都機場，劉香成和他在北京的司機小張道別，兩人緊緊擁抱。小張是個退伍的解放軍士兵，從美聯社北京分社成立起，他就被外交部下屬的北京外交人員服務局派來開車。而劉香成是使用外交部配給美聯社專車最多的記者，每天東奔西跑，小張是他可靠的工作夥伴。此前，劉香成也和他的同事維多利亞・格萊姆告別，他們都不知道幾年後還會在另一個國家重逢。

⁂ ⁂ ⁂

洛杉磯的生活環境相當舒適愜意。劉香成買了一輛敞篷汽車，租下了南加州海灘邊一個高檔社區的住宅，那裏到處都種植着高大的棕櫚樹，步行幾分鐘就可以看到太平洋。

在洛杉磯分社，劉香成終於有機會坐進辦公室，看着世界各地記者發來的大量新聞圖片，是如何經過圖片編輯的篩選編排，再根據不同的需求分發到一千四百多家會員媒體的——以往他是在電話線的另一端趕着時間發稿，現在感受到了相同的緊張忙碌，和不同的工作理念。

記者報道的是所在地的重要新聞，而編輯面對的則是美國本土不同地區不同媒體的閱讀需求。比如以洛杉磯為代表的美國西海岸城市，讀者們喜歡看體育和娛樂新聞，對中東暴亂之類的國際新聞興趣索然。經常有些當地報紙編輯氣急敗壞地打電話給劉香成：「你不要總是傳這些打打殺殺的圖片，我們不感興趣，快給我們大學籃球聯賽的圖。」

上世紀八十年代中期還沒有數字圖片傳送技術，美聯社使用的是類似電話的模擬信號線路，劉香成在辦公室裏的工作就像電話接線員，給西雅圖的報紙發圖片，就要把拉斯維加斯的線路拔下來插過去。每條線路傳送圖片的速度很慢，這就要求編輯從大量的圖片中迅速篩選出少數幾張最重要的，而其餘更多的圖片則必須捨棄。

「這時候我才明白所謂美聯社的 DNA 是怎麼回事。」劉香成説，因為美聯社就發源於和服務於美國的地區性報紙，理解各地讀者的需求很重要。那些常年動亂的地區比如中東和北非，攝影記者就算冒着生命危險，在戰火中拍到了震撼人心的畫面，也要學會用簡短的圖片説明文字——有時還要和後方的圖片編輯使用電話溝通——快速表達清楚事件的重要性，才有可能爭取到發表照片的機會。「即使今天美聯社記者遍佈全世界，數碼技術允許你發送無限量的圖片，你也不要以為這一千多份報紙都能看到你的照片。」美國主流大報如《紐約時報》《華盛頓郵報》等，頭版通常只有一張圖片的位置可以留給重要的國際新聞，從幾百張甚至上千張照片裏如何選出這最重要的一張，對前方記者和後方編輯的眼光都是嚴峻考驗。

素材判斷的正確與否，只需要經過很短時間，就會被統計數據所驗證。「你選的這張圖有多少家媒體採用，有多少家是把它放在頭版頭條，你這條新聞在和路透社、法新社等其他通訊社的競爭中是輸了還是贏了，」劉香成伸出拇指和食指，「八小時就見分曉。」

1995 年，戴安娜王妃訪問香港。（攝影劉香成）

1984 年，美國音樂巨星邁克爾·傑克遜在洛杉磯演唱會上表演。（攝影劉香成）

Prince 在洛杉磯演唱會上表演（攝影劉香成）

1984 年，美國波普藝術家安迪 · 沃霍爾給演員 Joan Collins 拍攝寶麗來相片。

1984 年，著名演員麗芙．烏曼在比華利山莊接受劉香成拍攝，她是著名瑞典導演英格瑪．伯格曼的前妻。

所以作為值班的圖片編輯，工作壓力巨大，而跑出去採訪的時候，劉香成也遇到了新的挑戰。「我發現在人們生活都比較富裕的中產社會裏，解決溫飽問題以後，體育新聞才會比較多人關注。」劉香成説，「當然像中國女排奪冠那樣牽涉民族感情的體育比賽另當別論。」拍攝人物快速移動、激烈對抗的體育運動畫面，劉香成並不擅長，他更喜歡安靜地等待「決定性瞬間」的出現。所以剛到洛杉磯分社時，幾位駐紮在此多年的老攝影記者就帶着劉香成一起去拍體育比賽，籃球、美式足球、冰球、壘球等，花樣繁多，幾乎天天都有大小賽事。美國人從小就熟悉各種運動，而劉香成在香港長大，除了乒乓球，幾乎沒有接觸過其他運動，他甚至連一些基本的比賽規則都不知道。剛到洛杉磯後，有一次在加州聖地牙哥，劉香成去拍攝壘球的全美聯賽。去之前，老記者們叮囑劉香成，壘球賽場上有一壘二壘三壘，通常攝影師就站在一壘和二壘之間的位置，比較容易拍到精彩畫面，因為運動員要從這個位置跑過去。

劉香成到了球場，就問其他媒體的攝影記者：「能不能告訴我，哪裏是一壘和二壘？」其他記者大吃一驚，繼而哈哈大笑。他們知道成為美聯社記者的門檻很高，「怎麼會有個美聯社記者，連一壘二壘都分不清楚？」劉香成很尷尬，此事變成加州攝影圈子裏的笑談。

在美國本土做新聞，發稿的節奏仍然非常快。美國東西海岸間有三個小時的時差，假如一場籃球賽在洛杉磯當地時間晚上七點鐘開賽，此時東岸的紐約已經是晚上十點鐘，而紐約總部晚上十一點鐘就要截稿，這意味着劉香成大概只有十五分鐘左右的時間可以用來拍照。

「你知道一場籃球比賽很難説在開場十五分鐘裏面就出現很精彩的場面，

你又不能拍那些球傳來傳去沒意思的照片，必須拍到灌籃、蓋帽之類的才行。」劉香成在球場邊總是疲於奔命，拍夠十五分鐘，就要馬上跑去球場邊的暗房裏沖洗膠卷，照片洗出來馬上用傳真機發稿，才有可能趕在截稿時間前十五分鐘傳到紐約，紐約的圖片編輯在最後的十五分鐘裏要選出最好的圖片。美聯社像一架龐大而精密的機器，如此高速運轉，日復一日，循環不息。

對劉香成來說，從中國到洛杉磯，是突然進入一個陌生的環境裏，做自己並不擅長的工作，這給他帶來很強的焦慮感。他原本還以為，周圍的朋友和同事對一個剛從社會主義中國回來的人，多少會有些好奇，或者有很多關心中國的人會來問他問題。「結果我很驚訝，沒有一個人問我中國是怎麼一回事，他們完全不關心。」美國人對國外的事情興趣不大，反而普遍認為世界應該圍着美國轉，這個現實又令他感到悵然若失。

洛杉磯是個名利場，世界電影工業的中心好萊塢就在這裏，無數權貴大亨，每日衣香鬢影，這裏每個人生活和工作的常態都是圍着明星轉。而在聚光燈下，美聯社記者擁有超凡的地位。每個明星和電影製片人都知道，擁有話語權的主流媒體記者才是無冕之王。劉香成也會去拍攝奧斯卡、格萊美、金球獎、艾美獎等獎項的頒獎典禮，他發現明星們的確對不同的媒體會表現出完全不同的態度。以奧斯卡金像獎頒獎禮為例，典禮的後台有三個採訪間，每個獲獎者拿到小金人之後都要依次進入這三個房間接受採訪。第一個房間裏是美聯社、法新社、路透社等世界級通訊社的記者們，無論多麼大牌的明星，都會在第一個房間裏停留十分鐘，讓通訊社記者們的長槍短炮拍個夠。「他們知道這個房間裏拍的照片會傳遍全世界，拿到奧斯卡獎是自己一生難得的曝光機會，所以任你擺佈，叫他們哭也好笑也好，大喊大叫也好，把小金人放在嘴裏咬也好。」劉香成說，「這些專業演員甚麼都幹。直到我們說 OK，拍夠了，他們才會跑到第二個房間。」

第二個房間裏是全美國最大牌的幾家雜誌，《*TIME*》、《*People*》、《*Vanity Fair*》等等，獲獎者在這裏停留一分鐘。第三個房間是美國的地方媒體和其他世界各國的專業媒體機構，在第三個房間裏明星們只待三十秒。三個獨立採訪間走完，劇院外面是長長的紅地毯，無數「狗仔隊」和熱情的影迷們等候在紅毯兩側，而明星們只花短短幾秒鐘時間走過去，就鑽進自己的豪車離開了。

「在美聯社的鏡頭前面，沒有難搞的明星。」劉香成說，「這時候我也感受到美聯社在美國乃至全球新聞界的地位。」有位澳大利亞主流大報的記者向劉香成抱怨，有些明星寧可接受一家美國小報的專訪，也不願給澳洲的大報一點時間。上世紀八十年代，好萊塢電影風靡世界，而美國本土是最重要的票倉，各大電影公司對美國之外的市場並不重視，而對美國本土媒體青睞有加。美聯社有個專寫電影評論的專欄作家，每次劉香成和他一起出去吃法國餐，桌子對面坐的都是電影明星。專欄作家吃完抹抹嘴，對劉香成說：「劉，接下來你有十分鐘時間，這個人就交給你了，隨便怎麼拍都可以。」說完揚長而去。有一次劉香成給伊莉莎白．泰勒拍照，湯姆．漢克斯站在旁邊。那時湯姆．漢克斯的知名度還不高，他的公關負責人就指着劉香成說：「那個是美聯社記者，你趕快過去。」湯姆．漢克斯就故意把頭伸過去搶鏡。還有斯皮爾伯格、邁克爾．傑克遜、普林斯．羅傑斯……無數名流巨星，都曾在劉香成的鏡頭前留下影像。

1984 年下半年，美國總統羅納德．列根（Ronald Wilson Reagan）正在為爭取他的第二個任期競選。列根是電影演員出身，在好萊塢打拼多年，後來從政當上了加州州長，並在 1981 年成為美國總統。劉香成又跟拍了一段時間列根的競選活動。1984 年夏天，洛杉磯奧運會開幕，新中國首次派出代表團參賽，總共拿到了十五枚金牌。劉香成拍攝了為中國隊摘得首枚金牌的射擊運動員許海峰。

他很快感到了疲倦。加州的陽光、棕櫚樹、海灘，享受這一切，對於才三十多歲的劉香成來說似乎太美好，也太早了。1984 年夏天剛回到美國時，劉香成在紐約的美聯社總部見到弗勒社長，後者對他說：「因為你沒有在國內做過記者，按照慣例你應該回來工作兩年，之後如果你願意，可以再出去。」1985 年，劉香成給弗勒社長寫了封信，表示非常感謝，在洛杉磯分社工作中學到了很多東西，明白了美聯社與各地方報紙之間的合作關係。「現在兩年時間到了，是不是可以再派我出去？」劉香成覺得，自己還是對國際新聞更有持久的興趣。

信發出去過了很多天，劉香成都沒有等到社長的回信。

有一天劉香成去上班，洛杉磯分社社長約翰・布魯爾（John Brewer）過來敲敲他的桌子：「劉，你來我辦公室一下。」

劉香成跟他過去，約翰・布魯爾說：「下一次你如果想調動工作，能不能先告訴我？」

劉香成才意識到，越級直接給總社社長寫信是不妥的。他連忙說不好意思。

約翰・布魯爾也沒有太生氣。「他是個很好的人。」劉香成說，只是那次各分社的社長都到紐約總部開會，弗勒把約翰拉到一邊說：「我們準備把劉香成調到印度新德里，負責南亞的攝影工作。」這個消息讓約翰感到吃驚和尷尬，他作為劉香成的頂頭上司竟對此毫不知情，但他很快就表示同意。

劉香成將要去印度工作的消息傳開了，他在辦公室的暗房裏洗膠卷時，一個同事衝進來說：「劉，你腦袋有病嗎？」

劉香成問怎麼了，這位同事說：「全美國的記者都知道南加州多麼好，你每天拍幾張照片就可以回家，躺在沙灘上曬太陽，你去印度那種鬼地方幹甚麼？」

劉香成也沒辦法回答這個問題。多年以後他說：「那個時候我也沒有自信說，去印度就是一個正確的選擇。但我內心裏很想接受這個挑戰，想要在美國最大的新聞組織裏面證明，我這個華人，是可以被派到世界任何地方工作的。」

動盪南亞

1984 年，維多利亞・格萊姆結束了她在美聯社北京分社的工作，前往印度。

印度的人口數量僅次於中國，有一百多個民族，大多數印度人信仰印度教，但國內還存在錫克教、耆那教、拜火教等眾多教派，民族和宗教矛盾十分複雜。自十七世紀東印度公司建立以來，印度逐漸成為英國的殖民地，直到 1947 年，印度殖民地分解成為今天的印度和巴基斯坦，印度國大黨領導人賈瓦哈拉爾・尼赫魯（Jawaharlal Nehru）成為印度開國總理。1964 年，尼赫魯病逝，他的女兒英迪拉・甘地（Indira Gandhi）在兩年後當選總理。英迪拉執政作風強悍，有「印度鐵娘子」之稱。1984 年 6 月，英迪拉命令政府軍進攻位於旁遮普邦阿姆利則城的金廟，這裏是錫克教的聖地。錫克教的首領賓德蘭瓦勒在戰鬥中被打死，另有五百多人在衝突中喪生，其中多數是錫克教徒。「金廟事件」後，錫克教展開對英迪拉總理的報復行動。1984 年 10 月 31 日，英迪拉・甘地在總理府被兩個錫克教警衛人員槍殺。

英國人統治了印度三百年，所以總體來說，英國人對印度新聞比美國人對印度新聞的興趣要大得多。美聯社設在印度首都新德里的分社，統管整個南亞地區的新聞報道，除印度以外，還包括周邊的尼泊爾、孟加拉、緬甸、斯里蘭卡等多個國家，這片廣袤的大陸在整個八十年代也是衝突紛爭不斷。維多利亞・格萊姆剛剛成為新德里分社的社長，就趕上了「金廟事件」、英迪拉・甘地遇刺，還有 1984 年 12 月爆發的「博帕爾毒氣事件」——兩萬人死於博帕爾市一家農藥廠洩露的毒氣，約二十萬人中毒，這家農藥廠隸屬於美國聯合碳化公司。這三個「大事件」都深刻影響了印度此後的歷史進程。

1985 年，劉香成來到新德里。「當時新德里分社有兩個美國記者，四五個印度記者，但是沒有美國攝影記者，新聞照片都是在當地請印度攝影師拍攝。」劉香成又請國際搬家公司把他在中國時收集的古代傢具，從洛杉磯搬到新德里。「我讓搬家公司預備兩天時間打包，結果他們着急。有個雲石寫字枱，那塊石板擱在地上，一個兩米高的老美不小心一腳踩上去，把那塊雲石踩裂了。」劉香成説，「之後美聯社裏也傳開了，説搬一次劉香成的家很昂貴。」美聯社決定把劉香成派往印度，若非弗勒社長拍板也不容易實現，因為比起在當地僱用印度攝影師，劉香成的薪水、住所、小孩教育和每年回國休假的花費，都是不小的開支。「所以回想起來，我很感激美聯社為了培養我，付出這麼多。」

劉香成在印度工作了四年多，這個國家給他很多新的感受。比如時間觀念，印度人平時做事不慌不忙，約會經常遲到，這和印度教的教義中，計算時間的單位漫長到難以想像有關。中國神話裏認為「天上一日，地上一年」，而在印度教裏，創世主神梵天的一日，又叫一劫，相當於四十三億兩千萬年。印度這片土地也很肥沃，從喜馬拉雅山脈往南都是可耕地，除了拉賈斯坦（Rajasthan）和靠近巴基斯坦的那一部份。有一次劉香成與西格瑪圖片社的攝影師貝德威・卡普爾（Baldev Kapoor）一起去印度北方邦城市哈爾德瓦（Haridwar），這裏正在舉行印度教的聖水沐浴節（又名「無遮大會」）。上百萬虔誠的教徒聚集到這裏，跳入恆河水中沐浴。劉香成問貝德威，人們為甚麼要這樣做，對方告訴他，印度人相信生命是無窮無盡的輪迴，這一世做人，下一世可能成為別的甚麼動物，可能要經歷上百萬次輪迴才能等到重

1987 年，在印度的拉賈斯坦邦村莊，牛和駱駝聚集。（攝影劉香成）

1986 年，在新德里火車站外面，印度乘客在等待火車時睡在街上。（攝影劉香成）

पालन
ITY
DELHI
WELCOMES
CAREFUL
DRIVERS !

新做人的機會。而恆河的水無比神聖，印度人相信在恆河水中沐浴，可以免受輪迴之苦。每個印度教信徒一生中至少要到恆河沐浴一次，他們死後還希望能把骨灰撒進恆河，所以恆河的水看上去有些渾濁，有時還能看到河水中漂浮着死屍。

劉香成和其他外國記者一樣，在印度不敢喝河水或是自來水，只喝經過消毒過濾的瓶裝水，就連沙拉也不敢吃。「你不知道他們洗蔬菜用的是甚麼水。」有次一個叫史蒂夫的白人記者在外面工作時口渴，忍不住喝了口「來路不明」的水，第二天渾身發紫地來到辦公室。「我們看到他都嚇一跳，從來沒有見過一個白人喝了水以後變成黑人。」劉香成家裏請了一位藏族保姆，名叫多吉（Dorji），多吉做飯時很小心，把水燒開半個小時，再過濾七次，才用來煮飯。但是印度當地人都不擔心這些衛生問題，他們上完廁所不使用衛生紙，而是用左手接水洗乾淨，然後吃飯的時候用右手抓飯。「我那個印度的司機有時候開車到農村，我看到他口渴了都是從馬路邊的水管裏接水喝，可能身體抵抗力已經很強了。」劉香成説，「結束印度工作的時候我回到紐約體檢，醫生説劉香成你身體裏有個寄生蟲，它本身倒是無害，但是也沒有甚麼藥物可以把它弄掉。」

英迪拉・甘地遇刺身亡後，她的兒子拉吉夫・甘地（Rajiv Gandhi）繼任印度總理。劉香成在印度拍攝過拉吉夫總理的照片，沒人會想到拉吉夫的命運與其母親驚人相似——1991 年拉吉夫在泰米爾納德邦的一次公開活動中，一位靠近他獻花的女子引爆了身上的炸彈。斯里蘭卡泰米爾猛虎組織策劃了針對拉吉夫的這次襲擊。

1986 年，劉香成為印度總理拉吉夫・甘地拍攝肖像。

1986 年，一名印度婦女帶着孩子在印度博帕爾附近的一家工廠裏工作。（攝影劉香成）

「在印度的四年多時間裏，我在南亞國家到處跑，看到的都是大大小小的武裝衝突。」劉香成說，每隔兩週他都會去一趟鄰近的斯里蘭卡，經常看到整村的人被屠殺，連幾個月大的嬰兒都不能倖免，喉嚨被割開的屍體滿地都是。斯里蘭卡與印度一樣曾是英國殖民地，原名錫蘭，1948 年宣佈獨立。泰米爾猛虎組織是斯里蘭卡國內的印度教信徒組織的反政府武裝，「泰米爾游擊隊的人脖子上都戴着一條鏈子，裏面有毒藥，一旦被敵方抓住，他們就咬毒自殺。」劉香成說，「這裏也是民族矛盾和宗教矛盾交織在一起。我去採訪的時候要坐直升飛機，心裏就想，越南戰爭的時候美國記者經常死在直升飛機上，因為這個東西飛得低，下面人對準飛機油箱開槍，很容易打下來。」走在馬路上，也要當心汽車炸彈，猛虎組織的敢死隊員有時會開着車衝上街，在人多的地方比如菜市場引爆。「這種場面在四年多的時間裏面基本上沒有遠離過我。」劉香成說，「看到很多死傷的人，也要拍照片，發稿。紐約那邊的編輯聯繫我說，能不能拍點兒別的，美國人不願意早上打開報紙就看到這麼慘的畫面。但是作為記者，你必須要不停地拍照，沒有太多時間去思考其他的問題。」

南亞國家眾多，地形複雜，很多國家政局動盪，為了更好更快地進行新聞報道，劉香成在尼泊爾、孟加拉、印度、斯里蘭卡等幾個國家建立了美聯社的攝影記者站——所謂記者站其實並沒有長期僱用的攝影記者，而是在當地找到很多願意給美聯社供稿的攝影師。當有新聞事件發生時，劉香成可以快速聯繫距離現場較近的攝影師趕過去，他們按照發稿量領取稿酬。

1987 年，劉香成和斯里蘭卡部隊乘直升飛機，前往被泰米爾人大屠殺的斯里蘭卡的村裏採訪。

1988 年，斯里蘭卡泰米爾人訴求獨立的游擊隊在賈夫納城裏巡邏。（攝影劉香成）

1985 年，在印度 Panjab 的印度婦女哀悼被恐怖分子殺害的家人。（攝影劉香成）

劉香成還把美聯社的活動範圍擴大到了阿富汗——過去西方媒體不太關注阿富汗，然而 1979 年蘇聯向阿富汗出兵，這是冷戰後期蘇軍進行的規模最大、持續時間最長的軍事行動，阿富汗立刻變成國際新聞的焦點。後來成為阿富汗領導人的穆罕默德·納吉布拉（Mohammad Najibullah Ahmadzai），與蘇聯情報機構克格勃關係密切，他在蘇聯的支持下逐步掌握權力。由於蘇聯軍隊的控制，美國記者進入阿富汗相當困難。劉香成輾轉聯繫上了阿富汗駐印度新德里的一名使館參贊，沒事就約這位參贊喝威士卡。威士卡在印度可是奢侈品，賣得很貴。「花了差不多六個月時間跟他搞好關係，他終於給了我一個去喀布爾的簽證。」這可是美國媒體第一次有攝影記者拿到去阿富汗的簽證。

「阿富汗是蘇聯人的越南。」劉香成認為，阿富汗打破了蘇軍不可戰勝的神話，正如越南戰場打碎了美軍強大的形象，對美蘇各自的盟友和敵對勢力心理上的影響，都是此消彼長的重大標誌。蘇軍在阿富汗戰場，像美軍在越南一樣陷入了長期苦戰，「甚至從某種意義上説，蘇聯最終解體，跟阿富汗戰爭造成的內傷也有很大關係。」直到 1989 年蘇軍完全撤離阿富汗，在長達十年的地區戰爭中，蘇聯付出了陣亡約兩萬人、耗資數百億美元的沉重代價，還有超過四十萬蘇軍士兵由於受傷和感染疾病而失去戰鬥力。而美國也把阿富汗視為拖垮蘇聯的重要陣地，積極投入武器、資金和人員扶持阿富汗的反政府武裝——這些「聖戰者」中，就包括日後的「基地」恐怖組織首腦奧薩馬·本·拉登。巧合的是，劉香成在阿富汗的工作結束之後又被派往了莫斯科，剛好目睹了整個蘇聯的崩潰解體。「我的職業經歷挺巧的，回想起來，好像整個二十世紀後半葉，全世界重要的衝突和重大事件發生的地方，我剛好都在場。」

1988 年到 1989 年間，劉香成多次前往阿富汗，拍攝蘇聯的撤軍行動。蘇聯在阿富汗長期維持超過十萬人的駐軍，這些士兵和武器裝備最後集合在喀布爾，用了九個月時間，通過高速公路經過塔吉克斯坦陸續撤回蘇聯。「我很驚訝地看到，那些坦克佔了相當於八個足球場那麼大的地方，原來打一場戰爭需要這麼多軍備。」劉香成說，西方記者在阿富汗也經常處於危險中，有一位義大利記者名叫 Fausto Biloslaw，就曾經被阿富汗政府軍扣押。劉香成聯合很多國家的記者寫了一封聯名信給阿富汗當局，要求釋放這位義大利攝影記者。這封信竟然奏效，義大利記者獲釋，平安回到了義大利，但是過了幾個月他又回到阿富汗。「沒過多久我又聽說，他被打傷了。」劉香成感嘆道，「看來阿富汗不是屬於這個義大利記者的故事。」

還有一次劉香成自己遭遇危險，是跟法國西格瑪圖片社的攝影師帕特里克・羅伯特（Patrick Robert）、法新社文字記者讓・弗朗索瓦・萊文（Jean Francois Levin）一起去阿富汗。三人從喀布爾的洲際酒店出發，僱了一輛計程車去機場，想要拍攝蘇聯士兵從機場撤離的場景。外國記者到喀布爾都住在洲際酒店，交戰雙方也知道此地屬於中立地帶，不會把酒店列為攻擊目標，平時記者們就在酒店裏看着窗外的火箭炮飛來飛去。那天去機場的路上，劉香成坐在計程車後座右側，讓・弗朗索瓦坐在劉香成左側，司機和帕特里克坐在車前座。

到了機場，他們看到鐵絲網下站着一個值勤的蘇軍士兵。三個記者下車走過去，蘇軍士兵看到他們手裏的相機，貌似很不高興，示意禁止拍照。三個記者只好回到車上，這次上車的時候，劉香成不經意坐到了後座左側，和讓・弗

1988 年，緊跟着蘇聯從阿富汗撤軍後，不同派系的塔利班游擊隊展開內戰奪權。（攝影劉香成）

1988 年，蘇聯坦克上的軍人與阿富汗軍隊告別，所有的蘇聯駐軍撤退返回蘇聯。
(攝影劉香成)

劉香成與文字記者馬克報道蘇聯從阿富汗撤軍返回蘇聯

Nikon
Nikon

朗索瓦交換了位置。

計程車掉頭返回時，槍響了。

「那個蘇聯兵不曉得吃錯甚麼藥了，我們都已經往回走了，他在後面突然衝我們的車開槍。」劉香成説。

AK-47 步槍子彈穿過計程車尾部鐵皮，打中了讓・弗朗索瓦的臀部。中槍的法國記者對同伴説：「哎，好像我被打了一點。」

司機趕緊踩油門，他們把車開到附近的紅十字醫院。搶救及時，讓・弗朗索瓦沒有生命危險。僥倖的是，子彈距離他的陽具只差一厘米。

「我一聽就傻了，天啊，他坐的本來是我的位置。」劉香成對負傷的同行説：「我的屁股比你瘦得多，如果是我坐在這裏，肯定『完蛋』了。」

❊ ❊ ❊

戰地記者在工作中，經常需要應對各種各樣的困難條件。整個喀布爾只有三條國際電話線，其中兩條通往巴黎，一條通往莫斯科。當很多記者同時急需發稿時，這三條電話線就成了緊缺資源。有一段時間局勢緊張，喀布爾的美領館暫時關閉，劉香成急着發稿，就冒險跑到喀布爾市中心的電報大樓。「我好像到哪裏都要跟電報大樓打交道。」劉香成説，一進大樓只見人山人海，無數大鬍子戴頭巾的阿富汗人在排隊等着打電話。

劉香成心想這裏沒戲，等着排隊不知猴年馬月，轉頭去問電報大樓的工作人員：「你們局長在哪裏？」

工作人員帶劉香成上樓到局長辦公室，劉香成跟局長解釋半天：「我是美聯社記者。我需要用電話線來發稿。」局長看劉香成着急的樣子，表示同情，說這樣吧，你把你的傳真機拿來這個辦公室，我給你另外接一條線。

「等於喀布爾電信局的局長變成了我的接線員。」劉香成很高興，把傳真機搬來，接上專線，接通了美聯社紐約總部。一聽電話裏面噪音很多，信號不好，這會影響圖片傳送的品質。

「再試試看美聯社的其他分社。」劉香成掛斷紐約，打給法蘭克福，不行；再打給東京，還是不行；又打到香港、倫敦、巴黎……試了一大圈，時間已經過去了六七個小時。

「最後又打到東京，東京那邊說哦，好像你第一次傳給紐約的照片，勉強還可以用。」劉香成說，「哎呀你早點說嘛，我這裏打了六七個小時的國際長途，就為了傳一張照片，你想想看要花多少錢。」

後來美聯社給劉香成配了一部衛星電話，這套通訊設備要用巨大的手提箱來裝，劉香成爬到洲際酒店六樓的樓頂天台，打開像傘一樣的衛星信號收發器，就可以使用衛星電話發稿。但新的問題是，喀布爾經常停電，沒電就不能用衛星電話。劉香成又跑到當地的黑市購買發電機和柴油，自己鼓搗着裝好發電機，這手藝讓其他外國記者很是佩服。「其他記者拿着稿子在我這裏排隊，說劉香成你發完照片能不能借我們用一下衛星電話。我知道他們的截稿壓力也很大。」

帕特里克．羅伯特當時從巴黎趕來喀布爾，順便帶了一瓶葡萄酒，這也是奇缺的物資。「我們在阿富汗很想喝葡萄酒但是沒有，所以大家都圍過來，每人拿一個水杯，但是人太多，只能分到幾滴葡萄酒。」劉香成說，「在戰亂國家，每個人的生活都像難民一樣。無論身處險境，還是目睹死傷的慘狀，都是每天工作中可能遇到的事情。如果今天讓我考慮這份工作，我可能不會去做。但是當時，儘管我也有老婆孩子，我也珍惜生命，去戰場的時候反而沒想那麼多，這就是一個記者的職業。」

「如果你的照片拍得不夠好，那是因為你靠得不夠近。」說這句話的人是二十世紀最著名的戰地攝影記者羅伯特·卡帕（Robert Capa）。1947 年，卡帕和提出「決定性瞬間」理論的攝影家亨利·卡蒂埃·布列松（Henri Cartier-Bresson）共同創立了瑪格南圖片社，這是全球第一家自由攝影師合作組織。卡帕一生致力於拍攝世界各地的戰場，他在二戰中跟隨盟軍部隊參加了諾曼第登陸戰。1954 年，卡帕在越南戰場踩中了一顆地雷，死時年僅四十一歲。

劉香成在游走於南亞諸國的四年多時間裏，也經常想起卡帕的話，提醒自己盡量靠近一些。這段時期他拍攝的照片，畫面裏經常出現手持武器的軍人或是暴徒，有時距離相當近。「我跟這些武裝分子有了接觸之後才知道，他們打仗之前要抽鴉片或是海洛因，把自己搞得很亢奮，然後扛着火箭筒出去，跟對抗派的游擊隊戰鬥。」劉香成事後想起來才覺得可怕。「我拿一個二百毫米的鏡頭，蹲在一個破房子外面的牆角拍這些人，他們抽完鴉片衝出來，如果有人看我不順，隨便開一槍就完了。」

駐印度和南亞地區的四年多，是劉香成職業生涯裏最為奔波勞碌的時期。「經常一天要開八、九個小時的車，路非常難走，有時一隻猴子跳到你的車上，有時前邊又被一群牛擋住。」印度教視牛為神聖的動物，路上碰到牛只能停車，慢慢等牛通過。劉香成也會去印度北部地區的野生動物保護區拍攝，當地嚮導派大象來接他，人們騎着大象走進密林深處。「印度還是很美的，我感覺老天爺給印度這塊土地，不比中國差。」劉香成說，印度處在亞熱帶，土地肥沃，物產豐富，曾經作為殖民地向英國輸送了無數資源，極大支持了「日不落帝國」的工業革命。印度獨立後，國內仍然到處可見英國人開的酒吧和商店。劉香成發現，關於印度的報道在美國國內關注度不高，主要讀者群還是在英國。

英國三大報《泰晤士報》《衛報》《每日電訊報》都在印度派有記者，維多利亞・格萊姆還同路透社印度分社的社長談起了戀愛。「路透社那個社長是個很好的記者，但是他喜歡喝酒，喝多了就暴跳如雷。」劉香成說，「有一天大家在我家裏喝酒，他喝多兩杯，站起來，啪嚓就把杯子扔到地上摔碎。」後來維多利亞結束在印度的工作以後調回紐約，成為美聯社駐聯合國分社的社長。她的男友不久也調到聯合國，成為路透社駐聯合國分社的社長。兩位社長在生活中如膠似漆，在工作上明爭暗鬥。

劉香成在印度的住處是一座兩層樓的別墅，劉家住在樓上，樓下鄰居就是在喀布爾臀部中彈的讓・弗朗索瓦。印度政府沒有像中國那樣設立外交人員服務局之類的機構，外國記者在印度可以完全自由活動。劉香成買了一台印度產的「大使牌」轎車，這種轎車保持着英式的復古外觀，曾經是高端政務用車，後來變成街頭常見的計程車。「基本上開到三千公里，整輛車的各種零件都毛病不斷。」劉香成有一次開這輛車去孟買，拍攝一位將軍的追悼會。正值雨季，馬路積水如同河道，傾盆大雨灌進車裏，劉香成坐在車裏也只好把相機包舉在頭頂，才能避免相機被四面八方漏進車裏的水淹壞。

1987 年，劉香成和美聯社同事 Steve Willson 在印度阿薩姆邦野生動物保護區。

1987 年，印度孟買郊外的浦那跳蚤市場上，三名印度農民脖子上掛着蛇。
（攝影劉香成）

1988 年，印度北邊皇室家族婚禮。（攝影劉香成）

印度社會傳統奉行種姓制度，等級森嚴，貧富差距極大。在印度教義中，人的等級是由神的意志劃分的。劉香成拍攝的很多印度窮人，神態平靜，虔誠拜神。「由於宗教信仰的緣故，印度的窮人好像並不焦慮，他們能夠安然接受自己的貧困，並且相信來世的生活會好。」

1988 年 9 月，第二十四屆夏季奧運會在韓國漢城（今名首爾）開幕。中國隊在這屆奧運會上只獲得五枚金牌，是上屆洛杉磯奧運會金牌數量的三分之一。眾多賽前被中國人寄予厚望的運動員紛紛失手：射擊運動員許海峰只獲得第二十七名，而他是上屆奧運金牌得主；「體操王子」李寧先是從吊環上摔落，接着又在鞍馬比賽中坐在了地上；已經「五連冠」的中國女排，在半決賽中以一比十五大比分落差輸給蘇聯隊，最終獲得銅牌。

劉香成在新德里負責南亞七個國家的攝影報道，工作了將近五年時間。1988 年底到 1989 年初，他還被派到柬埔寨的金邊和暹粒一帶，拍攝越南撤軍行動。柬埔寨和越南兩個國家從 1975 年開始武裝衝突，一直打到 1988 年下半年，越南宣佈開始撤軍。劉香成隨着越南的坦克和軍車開往西貢的路上，有一天傍晚五點左右，車隊在著名的一號公路停下來休整。劉香成看到軍人們在田野裏挖坑生火做飯，每二十多個人圍着一口鍋。劉香成就過去問他們，吃一頓飯大概要花多少錢。有個士兵伸出一根手指：

「一塊美金。」

劉香成想起自己在韓國觀看美韓年度例行的聯合軍演時，曾經跟一位負責美軍新聞報道的軍官聊天。那位美國軍官語氣自豪地告訴劉香成，美國海軍陸戰隊從夏威夷跑到韓國來參加軍演，隨軍的裝備裏包括很先進的移動廁所，每個美軍士兵上一次這種移動廁所的開銷，大約是二點五美元。

「我們對比一下，越南軍隊二十幾個人吃一頓飯，花一塊美金。而美國軍隊一個士兵上一次廁所，就要花掉納稅人的兩塊五美金。」劉香成說，「難怪美國人在越南吃了敗仗。」

1989 年初，劉香成向美聯社高層提出申請，調往韓國首都漢城。

漢城・北京天安門

上世紀八十年代，是韓國民主運動風起雲湧的時代，學生一直是運動的主力，這在韓國早有傳統。自從五十年代的朝鮮戰爭結束後，韓國軍隊少將朴正熙於1961年發動政變上台，開啟了韓國歷史上持續近三十年的軍人統治政權，韓國民間呼籲民主自由的抗議示威運動就幾乎沒有停歇。1979年10月26日，朴正熙被韓國中央情報局局長金載圭槍殺，兩個月後，曾經擔任朴正熙警衛的軍官全斗煥通過政變掌握最高權力。1980年5月，超過十萬名青年學生在漢城集會示威，全斗煥政府宣佈全國戒嚴，軍隊包圍了民主運動的策源地、韓國全羅南道首府光州市，並向示威人群開槍，造成兩百多人死亡，這就是「光州事件」。1987年6月，韓國延世大學學生李韓烈在遊行中被警方的催淚彈擊中頭部而死，他頭部流血倒下的照片傳遍韓國，激起民憤，成為「六月抗爭」的導火索。6月29日，全斗煥的接班人盧泰愚發佈宣言，提出修改憲法、釋放政治犯等八條民主化意見，即《六二九宣言》。全斗煥後來迫於壓力下台，盧泰愚在選舉中擊敗金大中和金泳三，成為韓國首位民選總統。7月9日，漢城街頭集結了上百萬市民，為大學生李韓烈舉行「民主國葬」。1988年的漢城奧運會舉辦前，國際奧會考慮韓國局勢不穩，曾經計劃推遲或改在其他國家舉辦奧運會。國際奧會主席薩馬蘭奇最終沒有批准易地或改期舉辦這屆奧運會的建議，是因為盧泰愚專程趕往瑞士洛桑，在國際奧會總部發表演説，宣稱如果奧運會不能在漢城舉辦，就將在已經建成的體育場裏為全體國際奧會委員豎起墓碑。

劉香成趕到漢城後，發現幾乎每天的工作都是上街拍攝學生示威。韓國當時有「流淚的週末」一説，因為每個週末，學生們都會走出校園，在街頭進行

朝鮮軍隊在板門店的韓國邊界監視美軍。（攝影劉香成）

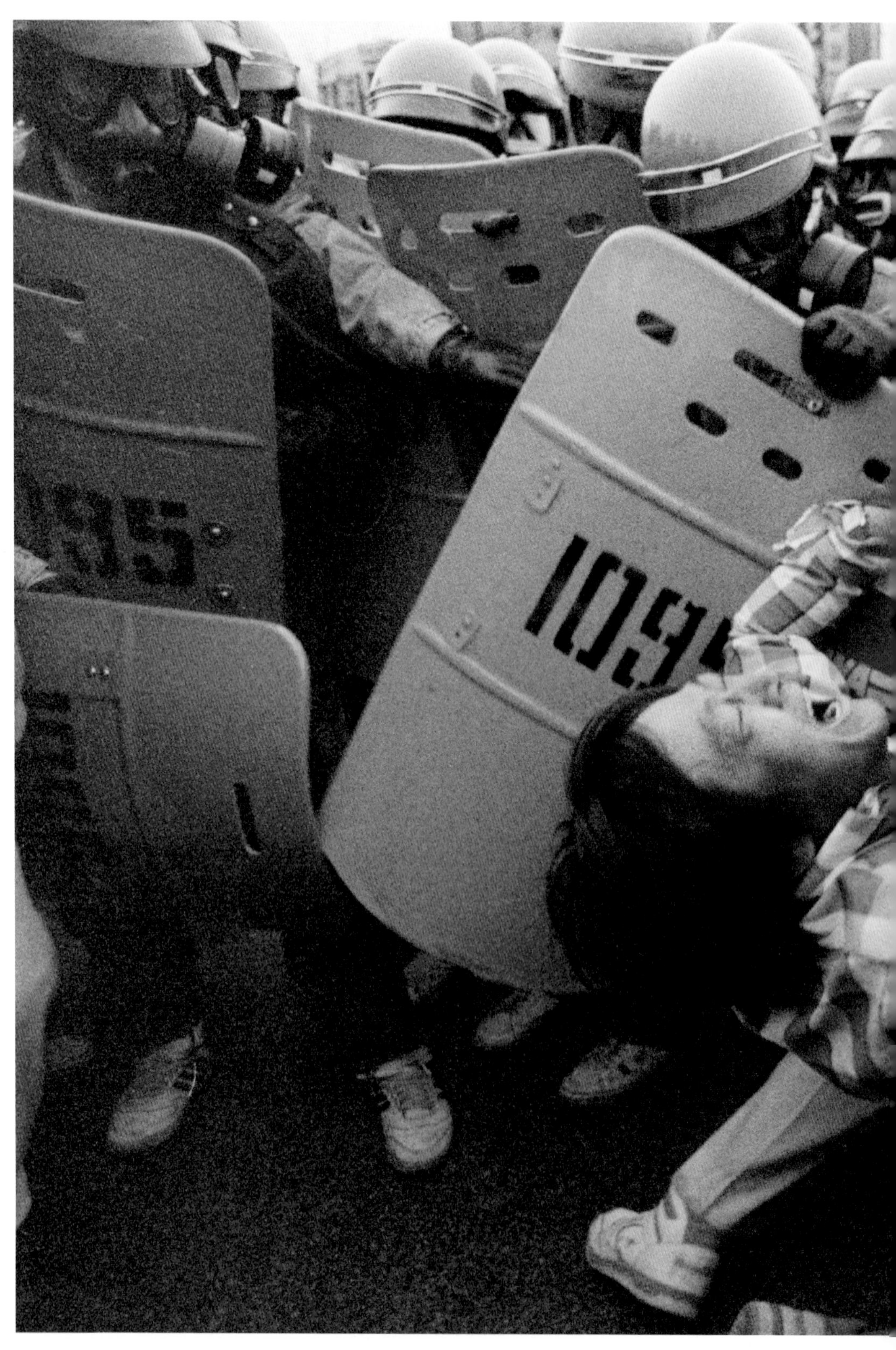

韓國工人抗議期間與警員衝突。（攝影劉香成）

抗議活動，而韓國軍警通常會使用催淚彈驅散人群。鑑於此前有「光州事件」流血的教訓，軍警輕易不敢開槍，也不會衝進校園逮捕學生，他們的行動目標只是驅散學生，催淚彈就成為最有效的工具。學生們則會投擲磚頭和石塊還擊，常見警察被石頭打得頭破血流。劉香成定做了一個防毒面罩，因為他眼睛近視且散光，戴面罩就不能戴眼鏡，不戴眼鏡又無法拍照，所以這個防毒面罩上的玻璃是有度數的鏡片。每天出門工作，劉香成都要戴上面罩，拍攝軍警和學生們的追逐戰。「學生們從學校衝出來，拿磚頭轟警察們。警察拿着盾牌衝過來，拿催淚彈轟學生們。每天來回就是這些事情。」拍完照片回到美聯社在漢城的辦公室，劉香成滿身都是催淚瓦斯凝固的粉末，令旁人噴嚏不止。

「我們當時開玩笑説，韓國最有錢的人，一定是賣催淚彈的。」劉香成説，「現在回想起來，如果 1989 年的中國也像韓國這樣使用催淚彈，或者像歐洲警員那樣使用高壓水槍，天安門就不會流血，也許歷史進程就大不一樣。」

但歷史不存在假設。1989 年的美聯社駐韓國記者劉香成，其實在韓國工作的時間並不久，因為這一年真正屬於他的故事在北京，天安門廣場。

❊ ❊ ❊

中國共產黨早期的領導人，大多有過領導學生運動的經驗，如毛澤東、周恩來、鄧小平等人，都深知學生們組織起來的威力之大。1976 年以悼念周恩來之名爆發的「四五」運動之後，過了十年，1986 年底再次出現了全國規模的學生示威，起因與富有國際影響力的天體物理學家方勵之有關，他當時是中國科技大學的副校長，在學校裏的一次演講時主張爭取民主權利。1986 年的學生示威運動從中國科技大學所在地安徽合肥開始，迅速擴散到北京和全國上百個城市。1986 年 12 月 30 日，鄧小平召集政治局高層領導開會時説：「我看了方勵之的講話，根本不像一個共產黨員講的……民主只能逐步地發展，不能搬用西方的那一套。」1987 年元旦發表的《人民日報》社論提出「反對資產階級自由化」，隨後方勵之被開除黨籍和撤職，學生運動很快平息下來。但黨的總書記胡耀邦為這次學運承擔責任而辭職，總理趙紫陽接任代總書記。

1989 年 4 月 8 日，已經下台的胡耀邦在出席政治局會議時突發心臟病，4 月 15 日凌晨去世。第二天，北京大學的數百名學生遊行到天安門廣場，把悼念胡耀邦的花圈擺在人民英雄紀念碑前。4 月 18 日，越來越多的抗議學生聚集在中南海新華門前高呼口號，要求停止反資產階級自由化運動。4 月 22 日，胡耀邦的追悼會在人民大會堂舉行，約二十萬人在廣場上致哀，三名學生代表跪在人民大會堂門前台階上，求見國務院總理李鵬，但李鵬沒有出來。4 月 23 日，趙紫陽總書記

方勵之當年在美國駐北京大使館「躲避」時接受劉香成採訪攝影。

出訪朝鮮，李鵬聽取了北京市委書記陳希同的彙報，認為學生運動發展態勢迅猛，不容忽視。李鵬向鄧小平做了報告，鄧小平指示，要盡快控制局勢。4 月 26 日，《人民日報》發表社論說，一些示威者攻擊黨的領導，要禁止非法遊行，對煽動鬧事的人追究刑事責任。

「四二六社論」並沒有平息示威運動，越來越多的學生從北京各大學校園走出來，聚集到天安門廣場，還有全國各地數以萬計的學生正在紛紛趕來北京。學生運動的組織者們成立了「北京高校學生自治聯合會」（簡稱「高自聯」），他們最初準備在五四青年節後復課，但很快宣佈無限期延長罷課時間。到 5 月初，已經有數十萬示威者佔據天安門廣場，這令鄧小平非常憂慮。因為蘇共中央總書記戈爾巴喬夫即將訪華，這是自六十年代中蘇關係惡化以來，蘇聯最高領導人首次訪問中國。鄧小平將戈爾巴喬夫訪華視為推動中蘇關係恢復正常化的關鍵一步，他預備在天安門廣場為蘇聯領導人舉行隆重的歡迎儀式。

大多數西方媒體都提前獲知了戈爾巴喬夫即將訪華的消息，外國記者們紛紛趕來北京，但他們驚訝地發現，天安門廣場上正在發生一場革命。5 月上旬，劉香成向美聯社總部提出，希望到北京看看，馬上獲得批准。

5 月 13 日，距離戈爾巴喬夫到訪北京還有兩天時間，廣場上的僵持愈演愈烈。一部份學生宣佈開始絕食，這是過去的中國學生運動從未發生過的狀況。劉香成抵達北京以後，和很多外國記者一起住在建國飯店，這裏位於長安街的東延線上，距離天安門只有幾公里。記者們每天都輪班守在廣場上，年輕的學生領袖們也非常積極地向外國記者表達觀點，例如要求加快民主政治體制改革、畢業生享有更多自主擇業權利、反對腐敗、公佈官員及其子女的財產等等。鄧小平在八十年代主導的改革開放打破了計劃經濟體制下的「大鍋飯」，啟動了市場的能量，但由於政府缺乏經驗，也造成了一些通貨膨脹之類的問題。尤其是部份擁有特權的幹部親屬，通過「批條子」倒賣物資，短時間獲取了大量財富，這令普通民眾大為不滿，很多國有單位的幹部職工，甚至《人民日報》和新華社等官方媒體的編輯記者也加入了示威遊行的隊伍。

但絕食並沒有造成死亡。政府派出的醫療人員在廣場上全力為學生們服務，有些人暈倒後馬上被送往醫院。5 月中旬那幾天北京還降下大雨，政府提供了大巴車給學生們避雨，還有很多港澳華僑捐款捐物，例如一些尼龍帳篷就是香港的很多演藝明星和企業家捐來的。據統計，5 月 13 日到 24 日，共有八千多名絕食者被送到醫院治療。鄧小平要求趙紫陽和楊尚昆想方設法，務必在戈爾巴喬夫到訪之前清空廣場。趙紫陽派統戰部長閻明復到廣場上看望學生們，勸説他們返回學校，並保證事後不會追究責任，但學生們繼續安營紮寨，高唱國歌。台灣歌手侯德健也在廣場上，他創作的歌曲《龍的傳人》膾炙人口。侯德健 1983 年從台灣來到大陸，被安排到文化部直屬的東方歌舞團，他的歌曲專輯在大陸銷量高達數百萬份，在青年心目中很有號召力。1989 年這個春夏之交，侯德健抱着吉他在廣場上彈唱，劉香成拍攝了侯德健，還有數十萬學生在侯的歌聲中群情激昂。

5 月 15 日，戈爾巴喬夫的專機抵京，歡迎儀式在機場簡短舉行。第二天，鄧小平在人民大會堂會見了戈爾巴喬夫，外面的示威群眾試圖衝進大會堂未果，這幾天廣場上的人數已經超過了一百萬。由於車隊無法通過廣場，戈爾巴喬夫的記者招待會從人民大會堂轉移到釣魚台國賓館舉行。鄧小平與戈爾巴喬夫共同宣佈中蘇兩國關係實現正常化，這一具有重大歷史意義的事件，卻被廣場上的學生運動搶去了風頭。5 月 17 日，鄧小平召集政治局常委開會，除了趙紫陽，其他常委都贊成動用軍隊實施戒嚴。5 月 18 日清早，趙紫陽來到天安門廣場，對學生們說：「我們來得太晚了……」這是趙紫陽最後一次公開露面，他已經讓秘書鮑彤替他寫好了辭職信。5 月 19 日上午，李鵬總理宣佈當天十點鐘開始戒嚴，約五萬名解放軍士兵從四面八方開進北京市區。

部隊在開往廣場的路上遭遇了北京市民的阻攔，軍車無法通行，有一些士兵轉而乘坐公車前往天安門。劉香成在西單路口的公車站看到，解放軍士兵一下車就被市民團團圍住，動彈不得。大部份年輕的士兵從未遇到這種情況，他們此時接到的命令也是不允許使用武器，不允許對群眾的謾罵指責做出回應。有些憤怒的市民把解放軍的槍支奪下來，扔到公車頂上。

僵持了幾天，5 月 22 日，部隊暫時撤出市區。廣場上的學生開始歡慶勝利，中央美院和中央工美的一些學生在 5 月 29 日晚間，用石膏、紙板和泡沫塑料等材料製作了一尊高大的「民主女神像」，看起來明顯仿照了美國紐約的那座自由女神像。「民主女神像」分成三段做好，在廣場上組裝起來，約有十多米高，與天安門城樓上懸掛的毛澤東畫像遙遙相對。學生們還在廣場上舉行了一個像模像樣的典禮，慶祝雕像完工。劉香成看到這種場面，心想大事不妙。

劉香成想爬到高處去拍攝「民主女神像」，但學生們阻止了他，因為怕雕像做得不夠堅固而坍塌。劉香成就跟美院的學生商量，能不能請一位學生代替自己爬上去拍照。有位勇敢的學生答應了，他舉着劉香成的相機，爬到了石膏像的頂端。劉香成在下面指導他，把鏡頭對着人民大會堂的方向，這樣在畫面裏應該能夠使女神像的臉、人民大會堂和廣場上學生們搭起的帳篷連成一線。學生按照劉香成的要求，快速按了幾下快門，就爬下來把相機還給劉香成。「這張照片是獨一無二的角度。」劉香成說，其他外國記者也想如法炮製，但已經沒有學生願意再爬上去一回了。「其他記者就大喊，這不公平。」

但是回到美聯社辦公室，劉香成告訴其他同事，這尊女神像豎起來，局勢可能就難以控制了。「這些年輕學生太不清楚中國的歷史了，天安門是最高權力的象徵，共產黨不可能允許廣場上搞這麼一個塑像，正對着毛主席的肖像。」根據事後的一些公開資料，以及中央電視台在「六四」事件發生後播出的措辭嚴厲的公告，相當多的中共高層領導相信，美國等西方勢力介入了天安門的學生運動，是這次事件的「幕後黑手」。戈爾巴喬夫結束訪問回國後，一部份外國記者判斷學生運動不會有甚麼進展，事情可能不了了之，也紛紛打道回府。當時美聯社的亞洲圖片編輯詹姆斯·帕爾默（James Palmer）是從日本東京來到北京，已經待了一段時間，有些不耐煩：「甚麼大事也沒有發生，我要回東京去。」但劉香成告訴他，千萬別走，一定會有大事發生。

6 月 2 日夜間，部隊再次試圖開進廣場，一些軍車被示威人群圍堵並燒毀。6 月 3 日下午開始，中央電視台連續發佈緊急通告，要求北京市民留在家中，不要上街，廣場上的高音喇叭也在播出通告，要求示威者撤離廣場。種種跡象都在表明，解放軍已經接到了清場的命令。

'MALEFICENT'
JOLIE PERFECTS
THE MONSTER
PAGE 10 | FILM

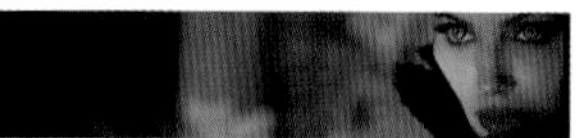

DAVID BROOKS
REFINDING THE
ART OF FOCUS
PAGE 7 | OPINION

TRACKING TAGS
DEVICES TO END
LOST LUGGAGE
PAGE 19 | BUSINESS ASIA

International New York Times

WEDNESDAY, JUNE 4, 2014

25 years ago, uprising was not confined to Beijing

BEIJING

Eclipsed by Tiananmen, protests in Wuhan were also violently suppressed

BY ANDREW JACOBS

They were the children of poor farmers and factory workers, the first in their families to attend college, and for that they were grateful. But in the spring of 1989, the students at Hubei University, a provincial college in the Yangtze River city of Wuhan, were jaded beyond their years.

Their cynicism was stoked by intrusive government controls over nearly every aspect of life and the systemic corruption that favored personal connections over hard work and talent. As they neared graduation, many dreaded their predetermined futures: Most would be dispatched to the countryside as low-paid middle school teachers, with the exception of a privileged few.

But that April, as word of the student protests shaking Beijing reached Wuhan, their world-weary outlooks brightened. Words like "democracy" and "freedom" were excitedly bandied about the school canteen, and a few older students defied administrators and traveled 700 miles north to join the throngs in Tiananmen Square. In mid-May, after the students stopped going to class, the shabby campus took on a carnivalesque air, with a new crop of hand-scrawled posters demanding political reform appearing on walls and lampposts each morning.

I was a 23-year-old English teacher at Hubei University, and until that spring, I had thought my students were hopelessly quiescent, cowed by the suffocating repression and resigned to their dreary fates. "We need to let the leaders in Beijing know that the young people of this country are willing to die for freedom," said one of my students, David, a 19-year-old English major who became an organizer of the civil disobedience that swept campus.

One of his boldest moves was to orchestrate a takeover of the campus pub-
WUHAN, PAGE 4

LIU HEUNG SHING/ASSOCIATED PRESS

Photographer looks back on 1989 Liu Heung Shing, who was on assignment for The Associated Press during the Tiananmen Square protests, captured the symbolic photograph of a couple on a bicycle hiding underneath a bridge. *PAGE 4*

Seeds of a fortune in the tumult of '89

BEIJING

Student leader who sided with the authorities grew wealthy with the elites

BY DAVID BARBOZA
AND MICHAEL FORSYTHE

A few days after the crackdown on the Tiananmen Square protests 25 years ago, the Chinese government filled the airwaves with a list of the 21 most wanted student leaders accused of stirring up an antigovernment rebellion. At the top of the list was a 20-year-old student at Peking University named Wang Dan, who set up an unofficial student union to mobilize his classmates to demand democracy.

There was no public mention then — and there have been very few mentions since — of the head of the official student union of Peking University at that time. His name was Xiao Jianhua. Mr. Xiao never opposed the government, and the events of June 1989 did not make him one of China's "most wanted." Instead, they catapulted him into the ranks of its most wealthy.

After a tepid attempt to represent fellow students to university administrators that volatile spring, Mr. Xiao shifted course, agreeing with administrators that street protests had become out of hand. People who knew him at the time said he even worked with them to try to defuse the protests before Chinese troops descended on Beijing and crushed them with force.

The rewards were immediate. Just after he graduated, Mr. Xiao stepped into the world of business with direct financial support from Peking University, one of China's most prestigious institutes. In the quarter-century since then, he became the prototype of the politically connected financier. He has assiduously courted the party elite, including the family of its current president, Xi Jinping, becoming something of a banker for the ruling class and a billionaire in his own right.

Now 42 years old, Mr. Xiao controls a sprawling business empire with interests largely in state-dominated industries, including banking, insurance, coal, cement, property and even rare-earth minerals, and largely managed by his holding company, the Tomorrow Group.

Through a series of other investment vehicles, he owns a piece of Ping An, one of China's largest insurers, as well as portions of Harbin Bank, Huaxia Bank and Industrial Bank. And he has acquired stakes in at least 30 other Chinese financial institutions.

Corporate records reviewed by The New York Times show that a company he co-founded also paid $2.4 million last year to buy shares in an investment firm held by the sister and brother-in-law of Mr. Xi. In 2009, another company he helped control financed a deal that aided a company run by the son-in-law of Jia Qinglin, then a member of China's powerful Politburo Standing Committee.

The events of 1989 catapulted Xiao Jianhua into the ranks of China's most wealthy.

Nothing about those deals has been publicly disclosed, and much about Mr. Xiao himself remains mysterious. He declined to be interviewed for this article and, while often talked about in financial circles, he has kept a low public profile inside China. But he is also one of the most active players in the frenzied deal making of the last 10 years, and the Hurun Report's China Rich List estimates his personal fortune at $2 billion.

It is a career made possible, in good part, by the 1989 unrest — or, more precisely, by China's reaction against it. Rather than experiment with greater political openness, as many Chinese intellectuals had hoped in the 1980s, the paramount leader of the time, Deng Xiaoping, pushed faster economic development while tightening the control
CHINA, PAGE 5

THE MOST WANTED OF TIANANMEN
A few of the 21 Tiananmen protest leaders most wanted by China and where they are today. *PAGE 5*

French officials twist U.S. arms on bank

BY BEN PROTESS
AND JESSICA SILVER-GREENBERG

BNP Paribas is suspected of doing business with Sudan and other blacklisted countries.

Facing a guilty plea in the United States, the giant French bank BNP Paribas has enlisted the support of a powerful ally: its own government, including top regulators and even the French president.

President François Hollande recently phoned the White House to raise concerns about a plea deal, according to people briefed on the matter, injecting a political undercurrent into a law enforcement investigation. French officials have also contacted the State Department and Treasury Department, the people said, and made direct appeals to the authorities investigating BNP. The bank is suspected of doing business with Sudan and other countries blacklisted by the United States.

At a meeting last month in New York, state and federal prosecutors discussed the potential fallout from the BNP case with Edouard Fernandez-Bollo, a senior French banking regulator, according to the people briefed on the matter, who were not authorized to discuss the private talks. The prosecutors — Cyrus Vance Jr., the Manhattan district attorney; Preet Bharara, the United States attorney in Manhattan; and David O'Neil, then the head of the Justice Department's criminal division — appeared to resist the overtures.

Undeterred, Mr. Fernandez-Bollo returned to New York last week with the governor of the Bank of France, Christian Noyer, arguably the country's highest-ranking financial authority. At Mr. Vance's offices in Lower Manhattan, Mr. Noyer reiterated that the criminal case could have dire repercussions for BNP and the broader global economy, according to the people briefed on the matter.

The French campaign has focused
BANK, PAGE 17

France intercepts citizens bound for Syria

PARIS

Would-be jihadis jailed before joining a fight that they might bring home

BY ALISSA J. RUBIN

The three young Frenchmen were arrested as they tried to make their way to Syria to wage jihad. They had not harmed anyone in France or made plans to do so, according to the evidence at their trial in January, but in France these days, seeking to fight in Syria is enough to bring a charge of plotting terrorism — and in this case sentences of three to five years in prison.

France and other European countries have grown steadily more concerned over the past year about the possibility that the main terrorist threat could come from their own citizens, European passport holders who can move relatively easily between their homelands and the battlefields of Syria, where Islamist rebel groups are fighting the government of President Bashar al-Assad.

In that climate, France is becoming especially aggressive by arresting would-be jihadis even before they leave the country or set foot on a battlefield.

France's fears came to the fore on Sunday when officials announced the apprehension of a suspect in the killings of three people at the Jewish Museum in Brussels last month, a 29-year-old Frenchman said to have spent time in Syria last year.

On Monday, the French authorities said they had arrested four men they described as jihadi recruiters operating in the Paris region and in the south of France and one French citizen living near Brussels, the latest in a string of cases intended to disrupt the flow of French citizens, usually young men of North African and Arab descent, to Syria.

Interior Minister Bernard Cazeneuve said Monday that he and Justice Minister Christiane Taubira would seek to
SYRIA, PAGE 8

INSIDE TODAY'S PAPER

Noise raises hope of finding plane
A sound captured by undersea receivers about the time that Malaysia Airlines Flight 370 ceased satellite transmissions might have indicated an ocean impact. WORLD NEWS, 8

Modest outlook for carbon rules
Executives and analysts do not see the reliance on coal-fired power by the United States disappearing anytime soon. BUSINESS, 15

Turning Chinese fashion green
A Hong Kong-based environmental movement is recruiting talent to make eco-fashion more attractive to China's urban middle class. BUSINESS, 15

The mirage of political Islam
Five years after President Obama's Cairo speech, Washington needs to end its confusion of Muslims with Islamists, writes Mustapha Tlili. OPINION, 6

ANINDITO MUKHERJEE/REUTERS

ANGER IN INDIA AFTER KILLINGS OF 2 GIRLS The father of one of two girls who were raped and hanged from a tree, weeping at his house in Uttar Pradesh. The case has incited outrage in the country and fury against the state government and the police. nytimes.com/asia

ONLINE AT INYT.COM

What's lost as handwriting fades
New evidence suggests that the links between people's handwriting and their broader educational development run deep. nytimes.com/science

U.S. car sales unexpectedly higher
Top automakers reported higher-than-expected U.S. new car sales in May, with consumer demand continuing to gather strength. nytimes.com/business

Egyptian comedian calls it quits
Bassem Youssef, a satirist who poked fun at the politically powerful, said he was ending his television show out of concern for his safety and that of his family. nytimes.com/world

Battle for horse racing's soul
Lasix, a diuretic that reduces bleeding in horses' respiratory systems, is at the heart of a struggle pitting owners and breeders against trainers and veterinarians. nytimes.com/sports

NEWSSTAND PRICES
[illegible]

IN THIS ISSUE
No. 40,815

CURRENCIES NEW YORK, TUESDAY 11:00AM

				PREVIOUS
▲ Euro	€1=	$1.3630		$1.3590
▼ Pound	£1=	$1.6740		$1.6750
▼ Yen	$1=	¥102.450		¥102.360
▲ S. Franc	$1=	SF0.8960		SF0.8990

Full currency rates Page 18

STOCK INDEXES TUESDAY

▼ The Dow 11:00am	16,714.38	-0.17%
▼ FTSE 100 4pm	6,831.41	-0.48%
▲ Nikkei 225 close	15,034.25	+0.66%

OIL NEW YORK, TUESDAY 11:00AM

▼ Light sweet crude	$102.32	-$0.20

2014 年，《紐約時報》對天安門 25 週年的報道（左圖），採用劉香成攝影坦克駛過北京建國門立交橋的圖片。

1989 年，北京天安門廣場烈士紀念碑下，疲憊的工人在抗議活動後，躺在一堆旗幟和抗議海報上。（攝影劉香成

989 年，北京民主女神像在揭幕前俯瞰着天安門前搭帳篷的學生。（攝影劉香成）

1989 年 6 月初，北京首都戒嚴後一位騎自行車的居民路過長安街。（攝影劉香成）

左右兩圖：1989 年，北京街頭學生高呼抗議口號。(攝影劉香成)

詹姆斯·帕爾默還是耐不住性子，返回了日本，和他一起提前離場的還有一些其他媒體的記者。美聯社紐約總部的圖片編輯哈羅德·布埃爾（Harrod Buell）打電話到北京，通知劉香成臨時主持北京分社的工作。而劉香成表示，自己更希望到街上去拍照。因為「主持工作」就意味着要坐鎮辦公室，保持和紐約總部的隨時聯絡，協調團隊成員的各種工作任務。「那你可以出去拍照。」哈羅德·布埃爾説，「但也主持發稿。」

憑藉應對緊急事態的經驗，劉香成作出了一個決定，就是要求美聯社北京辦公室的長途電話不要掛斷，保持和紐約的聯繫。「雖然電話費很貴，但是萬一斷線可能再也打不通了。」劉香成説，「這是我的直覺，也沒有跟社長請示，我覺得無論花多少錢都要保住通訊。」當時在北京撥打國際長途電話的費用大約是每分鐘九元人民幣，6 月 3 日整晚到 4 日白天，美聯社北京辦公室的國際長途就一直保持連線。結果證明這個做法非常有效，記者們通宵不停地發稿。6 月 3 日北京市民紛紛到商店搶購生活必需品，劉香成也派人跑到北京東北部的麗都飯店，那裏有專供外國人購物的超市，他們囤積了一些食物，做好了最壞的打算。

6 月 4 日凌晨一點，軍隊開始進入廣場，此時大約有十萬人滯留在天安門。凌晨三點多，示威隊伍派出幾名代表同軍方談判，其中包括歌手侯德健。凌晨四點，廣場上的燈光完全熄滅，侯德健用擴音器對人群喊話，宣佈這是最後離開廣場的機會。包圍廣場的軍隊留出一條通路，數千人跟隨侯德健撤離。凌晨四點半，軍隊開始驅散剩餘的示威者。到五點四十分左右，太陽還沒升起，廣場已經完全被軍隊佔領。

「我們在 4 日凌晨接到紐約的電報，總部編輯説，太陽快升起來了，我們想知道天安門廣場上的樣子，你能不能去拍一張。」劉香成接到這個通知的時候，各個外國媒體的記者們都在忙碌着，有一些從市區各處拍到的照片陸續發回來，燃燒的車輛，或是四散奔逃的人群，但是缺少廣場上更直接的視角。劉香成忙着處理這些圖片，他問旁邊的攝影記者傑夫・懷登（Jeff Widener）：「你能不能去北京飯店？我在那裏住過，記得有面對廣場的房間，可以從陽台上拍照。」

傑夫・懷登是美聯社駐泰國曼谷的攝影記者，他表示街上戒嚴，帶相機過去可能不方便。劉香成想了個辦法，讓傑夫到街上找個騎自行車的中國人，請中國人騎車把他載到北京飯店。中國是自行車大國，當時人們習慣騎的「二八」型自行車後座可以坐人，劉香成在八十年代初還拍過一張北京街頭浩蕩自行車流的照片。上午八點鐘左右，傑夫不太情願地出門，走的時候帶了一個八百毫米的鏡頭，按照劉香成的辦法，果然順利到達北京飯店。他在面朝廣場的一側樓層找到一個房間，悄悄架好了相機。上午十點鐘左右，劉香成在辦公室裏接到電話，是傑夫打來的。

「劉，我想我可能拍到了一張照片，有個人站在坦克前面。」

劉香成一聽，這個畫面抓對了，他馬上告訴傑夫：「聽我説，你現在馬上做如下的事情……」

按照劉香成的指示，傑夫立刻從相機裏取出膠卷，把相機扔在房間裏，身上揣着膠卷出門，在飯店門口找到了一個美國留學生，請他幫忙把膠卷送到美聯社辦公室。

「相機和膠卷一定要分離，這是我囑咐傑夫的。」劉香成說，等到中午十一點左右，一個金髮高個子背着大包的美國留學生敲門進來，把裝着膠卷的一個信封遞給劉香成。「我讓我們美聯社駐東京的攝影記者 Sadayuki Mikami 趕快洗膠卷，當時他也到北京來關注天安門事件。洗出來一看，太棒了，就是這張。」

這張轟動世界的照片，畫面上是長安街，四輛坦克正在列隊行進，而一個穿着白襯衫黑褲子的人，孤獨而堅定地站在坦克前面。他面對黑黝黝的炮口，擋住了坦克前進的路。

劉香成把這張照片加上圖片說明後發出。發完這張照片，劉香成又接到電話，是他八十年代初在北京認識的一個女孩黃明珍（Jane Wong）打來的。黃明珍是華裔加拿大人，七十年代來到北京大學留學，當過紅衛兵，曾經在《紐約時報》駐京分社做記者助理，後來嫁給了一個美國共產黨員。1989 年她已經是加拿大《環球郵報》駐京記者，打電話這時也在北京飯店，她告訴劉香成：「劉，現在坦克正在長安街上由西向東，往你的方向走。」

劉香成說謝謝，放下電話就拿起相機衝出去。建國門外交公寓裏有一棟紅色六層樓房，正對着長安街和建國門橋的交叉路口。劉香成目標是上到樓頂天台，在那裏可以找到俯瞰長安街的拍攝角度。「到六樓一看上天台的那個門鎖着，我用了全身的力氣，啪一聲把這個門撞開了。」在天台上快速架好相機，樓下剛好看到兩輛坦克經過，正在二環路建國門立交橋上轉圈，橋下還有一對青年男女共同騎在一輛自行車上。劉香成連續按了幾下快門。

「我想也就是這樣了，拍了幾張就趕回去發稿。」劉香成說，他拍的這張有坦克經過的照片是豎圖，而傑夫那張有人擋在坦克前面的照片是橫圖。第二天（6 月 5 日）出版的幾乎所有西方主流大報，頭版頭條都是從這一橫一豎兩張照片裏選用。美聯社總裁博卡迪給北京分社發來一封電報，只有一句話：「感謝你們，今天美聯社擁有了全世界。」

「他的意思是，全世界的頭版都是你們的作品。」劉香成說，這封電報被列印出來，貼在美聯社北京辦公室的黑板上。記者和編輯們繼續工作，6 月 5 日上午，劉香成坐不住，又拿了一個三十五毫米的定焦鏡頭，騎着自行車出門。沿着長安街走到北京飯店附近，看到一輛被燒毀的公共汽車，還聽到了零星的槍聲。有一些市民跪在救護車前，懇求醫護人員趕快救治受傷的人。劉香成看到救護車馬上發動，向廣場裏面駛去，過了一會兒，救護車又開回來，後面跟着一群人，用三輪板車拉着流血的傷患。劉香成騎自行車跟上去，隊伍往東單的協和醫院走，劉香成一手騎車一手舉着相機按快門。拍完這隊人，他又繼續往西走到三里河，釣魚台國賓館附近，看到幾輛被燒得發黑的坦克停在那裏，還有很多群眾圍觀。一個穿軍裝的人正在對群眾大聲說：「凡是侵犯人民群眾利益的部隊，我們一定會嚴厲地懲罰。」

聽到這話，劉香成腦袋裏打了一個大大的問號。「這個人穿的軍裝有四個口袋，應該是軍官，他為甚麼要對群眾說這樣的話呢？」劉香成說，「我後來才知道，這是完全錯誤的資訊，一個軍人說要懲罰另外的軍隊，但是我親耳聽到他這麼說。」當時劉香成判斷，這句話可能意味着軍隊內部將要發生衝突。他趕快回到辦公室告訴同事們這個消息。當天晚上，劉香成拉上從日本東京跑來北京的美聯社攝影記者 Sadayuki Mikami，又爬到外交公寓靠近建國門橋的這座小樓天台上，兩人輪流值班，盯着樓下的二環路。他們拍了一些照片，包括立交橋上荷槍實彈巡邏的解放軍，還有一些經過的車輛。

等到天快亮的時候，並沒有發生想像中的戰鬥。

白天，劉香成又跑去三里河看那些燒毀的坦克，發現已經全無蹤影。

「根本沒有甚麼『懲罰軍隊』的行動，我想那個軍官是故意放出一些錯誤的資訊，讓圍觀群眾回家，然後他們就把燒掉的坦克清理走了。」

劉香成又和美聯社同事約翰・潘文（John Pomfret）一起去北京大學，看到校園裏的秩序已經穩定下來。約翰・潘文後來從美聯社跳槽去了《華盛頓郵報》，但是中國政府拒絕發給他簽證。直到又過了兩年，《華盛頓郵報》的發行人凱瑟琳・格雷厄姆（Katherine Graham）請她的好朋友、美國前國務卿亨利・基辛格（Henry Alfred Kissinger）博士出面游説，約翰・潘文才拿到了中國政府簽發的駐華記者簽證。實際上，1989 年的這次學潮中，那些年輕的學生領袖並不具有控制局面的能力，他們也缺乏有效的組織領導機制，因此在軍隊介入後短短兩三天時間，廣場和校園裏都恢復了平靜。當然，這種暴力壓制帶來的平靜令人不安，「六四」之後的幾個月時間裏，陸續有很多參與遊行示威的人被抓捕審查，有些人很快被釋放或驅逐出境，也有些人鋃鐺入獄。6 月正值高校學生的畢業季，1989 年畢業的這一批學生，有很多人因為曾參與遊行而被記錄在案，導致很難找到工作單位。政府迅速加強了對大學生的思想政治教育，北大、復旦等重點高校 1989 年到 1992 年入學的新生，必須先到軍校接受長達一年的軍訓，這使得他們讀完本科的時間從四年延長到了五年。

北京城的戒嚴持續了一段時間，劉香成每天上街都看到很多持槍的軍人在巡邏。中國政府把「六四」天安門事件定義為「反革命暴亂」，也有一些解放軍士兵和公安警察在 6 月 4 日的清場行動中被示威者打死，政府稱他們為「革命烈士」。6 月 9 日鄧小平出面對軍隊幹部發表講話，他說：「一些壞人混在學生和群眾中間，目的是推翻共產黨的政權，顛覆社會主義制度。」美聯社駐香港的攝影記者余偉建（Vincent Yu）也來到北京支援報道，他知道守在北京的這些同事們已經好多天沒有睡覺了，劉香成和他一起在市區裏轉了幾天。「還好我們都是中國人面孔，不然那些拿槍的士兵如果看到兩個老外拿着相機到處拍，估計對我們不會客氣。」兩個華裔攝影記者僱了一輛人力三輪車，從建國門走到甘家口，蹬三輪的師傅張口就要一百元。「那時候一百元人民幣是很大一筆錢。」劉香成說。

6 月 9 日以後，除了荷槍實彈巡邏的士兵，北京街頭已經看不到與天安門事件有關的動靜，廣場上的血漬也被清洗乾淨。這場學潮深刻影響了中國的政治改革進程，但政府禁止人們公開談論此事。中央電視台《新聞聯播》主播薛飛、杜憲，由於在「六四」之後幾天的節目中身着黑衣，語調沉痛，很快失去了電視台的工作。劉香成感覺在北京的工作結束了，就乘坐國泰航空的頭等艙飛往香港，準備從香港再飛回漢城。但他在香港停留了幾天，看到街頭到處都是關於天安門事件的消息。「天星碼頭還有中環馬路的燈杆上面，貼了很多海報，我一看，其中有好多天安門的照片是我前幾天拍的。」美國總統喬治・布希（George Herbert Walker Bush）宣佈對天安門學生運動領袖提供政治庇護，同時對中國實施經濟制裁，一些學生輾轉通過香港逃往美國。鄧小平已經決心退休，上海市委書記江澤民在 6 月 24 日的四中全會上當選為新任中共中央總書記。劉香成站在香港街頭，百感交集。

在位於中環的香港外國記者俱樂部裏，劉香成看到世界各地很多知名媒體的記者，其中不乏大牌攝影師。他們得知天安門廣場發生重大新聞事件，紛紛從全球趕來，可是已經無法進入北京。

「我可從沒看到過這樣的情形。」劉香成說，「滿屋子都是拉長了的臉，一群大牌攝影師坐在那裏生悶氣。」

陸 蘇聯的崩潰

對於二十世紀的西方媒體機構來說，凡是對國際新聞報道抱有理想和熱情的記者，無不嚮往兩個充滿迷人故事的國度——中國和蘇聯——這兩個共產主義陣營大國，不僅因意識形態的差異而令西方媒體充滿興趣，更因前者由封閉轉向開放，而後者由強盛轉向衰敗。八十年代初期劉香成還在北京工作時，就和美聯社總編輯博卡迪談到過對蘇聯的關注——這很正常，人們談論中國繞不開蘇聯，反之亦然。1949 年中華人民共和國成立後，蘇聯第一個承認新中國並與之建交，中國也開始學習蘇聯，大舉建設工業基礎設施。六十年代中蘇關係惡化，兩國軍隊在烏蘇里江珍寶島附近發生武裝衝突。1985 年，米哈伊爾·謝爾蓋耶維奇·戈爾巴喬夫當選蘇共中央總書記以後，採取了一些外交措施緩和中蘇關係。1989 年 5 月，戈爾巴喬夫在北京面見鄧小平，兩國關係恢復正常化。

1989 年，劉香成獲得了密蘇里大學評選的年度「全美最佳圖片獎」(POYi)，這個獎項始於 1943 年，在攝影界份量很重。獲獎後，劉香成接到博卡迪的電話。

「我記得你説過想去莫斯科。」

博卡迪説。「是的。」劉香成回答，「非常想去。」

美聯社莫斯科分社的社長邁克·普策爾（Mike Putzel）曾任白宮首席記者長達七年，他是博卡迪的老朋友。「邁克社長做了一個好記者一定會做的事情，就是打電話給我之前工作過的幾個分社的社長，了解我的情況。」劉香成説，「前同事們對我評價都還不錯，其中有個分社的社長對邁克説，在蘇聯工作絕對不容易，這樣的地方需要劉香成。」

1989 年的下半年，劉香成已經確定將被派往莫斯科，他花了幾個月時間泡在美國駐韓使館的圖書館裏，大量閱讀有關蘇聯的歷史資料。蘇聯是一個聯邦制國家，全稱為蘇維埃社會主義共和國聯盟（CCCP），由俄羅斯、白俄羅斯、烏克蘭等十五個蘇維埃社會主義共和國組成。1922 年，蘇聯首次蘇維埃代表大會在莫斯科召開，蘇聯共產黨開始執政。1924 年列寧逝世後，斯大林統治蘇聯二十九年之久，蘇聯成為以重工業和軍事為主的超級大國，也是繼美國之後第二個擁有核武器的國家。蘇聯領土橫跨歐亞大陸，面積位居世界第一，人口位居世界第三。第二次世界大戰之後，蘇聯作為戰勝國，與美國分庭抗禮，開啟了漫長的冷戰時代。美蘇兩國都把裝載核彈頭的數千枚導彈瞄準對方，這些核武器足夠把整個地球毀滅，所以誰都不敢輕易向對方宣戰。1984 年，美國總統羅納德·列根宣佈實施旨在建立反彈道導彈防禦系統的「星球大戰計劃」，蘇聯為了保持戰略均衡，不得不跟進發展外太空航天技術，這導致蘇聯軍費暴增，嚴重拖累了經濟發展。蘇聯的重工業非常發達，事關民生的輕工業則相當落後，從斯大林到之後的歷任蘇聯領導人赫魯雪夫、勃列日涅夫等人，都沒能採取有效措施提振國內經濟。1989 年，蘇聯共青團中央的官方報紙《共青團真理報》報道稱，1917 年以前，俄羅斯人均消費水準排名全球第七位，而 1989 年已經滑落到全球第七十七位，排在南非後面。民眾對蘇共政權的不滿情緒日益累積，終於在八十年代末期把整個國家拖向危機邊緣。

1990 年初，劉香成來到莫斯科。在此之前，美聯社派駐莫斯科的記者和編輯已經有六七個人，他們在當地聘請了一位專職攝影師，還在蘇聯全國各地發展了很多自由投稿的文字和攝影記者。劉香成到了以後，莫斯科分社又聘請了兩位圖片編輯。

蘇聯國內經濟低迷，很多單位發不出薪水，蘇聯國家通訊社塔斯社的記者也需要兼職掙錢補貼家用。有個曾經為塔斯社工作的攝影師安德烈・索洛夫（Andrea Solov），是個一頭黃髮的小夥子，當時為美聯社自由供稿。他在拍攝蘇聯動盪地區衝突的時候受傷，美聯社承擔了他的醫療費用。「他脖子上中了一槍。」劉香成説，「養好傷以後，他又三番五次來找我，希望美聯社能繼續給他差事。」

在美聯社如果能發稿，每張照片大約可以拿到三十到四十美元的稿費，顯然，這份收入對安德烈來説很重要。劉香成婉言拒絕了安德烈三次，他知道安德烈是有家庭和孩子的攝影師，第四次安德烈又來請求工作，劉香成很勉強地答應了他。安德烈去往蘇聯加盟共和國之一的格魯吉亞，這裏 1989 年爆發了要求獨立的大規模示威騷亂，蘇聯國防部長亞佐夫元帥派出軍隊鎮壓了示威者。但更多的抗議活動在蘇聯各加盟共和國爆發，次數更頻繁，規模也更大。1991 年 1 月 13 日，克格勃特種部隊「阿爾法突擊隊」攻擊立陶宛維爾紐斯電視大樓，向聚集在那裏的示威者猛烈開火，幾十輛坦克參與了這次鎮壓行動。立陶宛在二戰時被納粹德國佔領，1944 年蘇軍攻佔立陶宛，戰後將其併入蘇聯。「維爾紐斯慘案」造成十四人死亡，一百多人受傷。弔詭的是，慘案發生後，包括戈爾巴喬夫在內的蘇共高層領導，沒有一人聲稱對此事負責。1991 年 4 月，格魯吉亞宣佈獨立。安德烈在格魯吉亞街頭中彈身亡。

「回想起來，這是我一生中覺得很內疚的一件事。」劉香成説，「安德烈是一個很好的攝影師，為了工作執意要去危險的地方，而我最終沒有阻止他。也許很多問題，沒有人可以給出絕對正確的答案。」

1991 年，前蘇聯格魯吉亞州的當地抗議者宣佈獨立。（攝影劉香成）

立陶宛獨立抗議者在議院裏放沙包，預防蘇聯軍隊可能的突擊。（攝影劉香成）

1991 年，立陶宛抗議者在議會裏宣佈獨立。（攝影劉香成）

1992 年，莫斯科的超市裏，兩個婦女在空曠的超市裏聊天。（攝影劉香成）

✣ ✣ ✣

1991 年 7 月 29 日，美國總統老布希的專機「空軍一號」，降落在莫斯科謝列梅捷沃國際機場，他與第一位也是最後一位蘇聯總統戈爾巴喬夫，將在克里姆林宮舉行高峰會晤。

老布希自從 1981 年成為美國副總統開始，就經常來到莫斯科，其中多次是為了出席蘇聯最高領導人的葬禮——這些人包括 1982 年 11 月逝世的勃列日涅夫、1984 年 2 月逝世的尤里・安德羅波夫、1985 年 3 月逝世的康斯坦丁・契爾年科——1964 年赫魯雪夫下台後的連續三任蘇共中央總書記，在二十八個月內連續死亡，以至老布希說過的一句話廣為人知：「你死了，我飛來了。」但他這次來到莫斯科，會見的是年方六十歲、精神矍鑠的戈爾巴喬夫。沒有人懷疑這位蘇聯「一把手」的身體健康，但是大家心知肚明：這個國家已經病入膏肓。

美蘇兩國首腦主要商談的議題是削減核武器，蘇聯已經無力維持龐大的核武庫，因此戈爾巴喬夫在談判桌上同意了美國人提出的大部份要求，包括減少蘇聯洲際彈道導彈的一半數量。戈爾巴喬夫請求美國總統考慮允許蘇聯加入國際貨幣基金組織（IMF），以便獲得該國際組織的經濟援助，這聽起來有點像是「用導彈換錢」。劉香成在兩天的峰會期間拍攝了老布希和戈爾巴喬夫在一起的照片，這場峰會上還有一個不容忽視的「第三者」，就是 1991 年 6 月剛剛當選俄羅斯總統的鮑里斯・尼古拉耶維奇・葉利欽（Boris Nikolayevich

Yeltsin）。

戈爾巴喬夫和葉利欽都生於 1931 年，前者大學畢業後就從共青團系統步入政壇，而後者從政之前當了很多年包工頭，在建築行業積累了人脈和財富。葉利欽精力旺盛，野心勃勃，他既能以很快的速度建造大片房屋，也能在一夜之間把房子夷為平地。1985 年，當選蘇共中央總書記的戈爾巴喬夫把葉利欽提升為建築部長，幾個月後又任命葉利欽擔任莫斯科市委第一書記。但是兩人的友好關係沒有維持多久，戈爾巴喬夫努力推行政治和經濟的全方位改革，葉利欽則在 1987 年 10 月的蘇共中央全會上公開批評了戈爾巴喬夫的改革，隨後他就被戈爾巴喬夫免職。1990 年 3 月，蘇聯人民代表大會修改憲法，設立蘇聯總統職位，戈爾巴喬夫當選總統。到了這年 7 月的蘇共二十八大，蘇聯宣佈實行多黨制，蘇共不再是唯一法定執政黨。此時任俄羅斯蘇維埃聯邦社會主義共和國最高蘇維埃主席的葉利欽，公開宣佈脱離蘇聯共產黨。葉利欽脱黨並不令人意外，因為1990年共有約一百八十萬名蘇共黨員脱黨，到1991年7月，主動離開蘇共的黨員已經超過四百萬人，佔蘇共黨員總數的四分之一。越來越多的人對蘇共徹底失去信心，而他們也發現，即使離開蘇共，仍有機會像葉利欽那樣繼續保持政壇影響力，甚至有可能攀上更高的權位。

「沒有想到動盪會來得那麼快。」劉香成剛到蘇聯時，感覺老百姓的生活還過得去。夜總會裏笙歌燕舞，音樂廳和博物館的人氣也很旺，蘇聯民眾保持着欣賞芭蕾舞和古典音樂會的傳統。「我總體感覺，蘇聯人受教育的程度普遍較高。無論文化和經濟，這個國家還是有很厚的底蘊。」

莫斯科氣候寒冷，總是陰霾低垂，一年裏有大半年時間幾乎看不到陽光。

「俄國人的性格特點跟氣候有很大關係，冰天雪地裏的人就容易感到鬱悶，所以世界文學史上，俄國人寫悲劇的水準最高。」劉香成讀托爾斯泰、陀思妥耶夫斯基等人的小說名作，也抱着研究的態度去讀索爾仁尼琴的《古拉格群島》。他專門跑去蘇聯的監獄採訪，為美聯社拍攝了一組關於囚犯的圖片故事。

大約也是因為天冷，劉香成認識的蘇聯人普遍熱愛喝酒，經常有熱情的當地朋友邀請劉香成參加派對。「我們印象裏的俄國人都是高高大大，滿臉橫肉，樣子好像很兇，其實他們內心情感非常細膩。」劉香成發現，蘇聯人辦的派對，經常是開場不久，客人還沒喝幾杯，主人已經把自己喝到不省人事。「他們開晚會的時候總要留幾個不喝酒的司機，不一會兒好多人已經醉得像螃蟹一樣趴在地上，司機就開車把他們一個個送回家。」

有一天劉香成打電話請蘇聯外交人員服務局派工人過來，幫他把剛買回來的幾幅油畫掛上牆。來的工人是個壯漢，手卻很靈巧，很快把畫掛得橫平豎直。劉香成感謝他，就從冰箱裏拿出一瓶伏特加，倒了一杯酒給這個工人。蘇聯大漢說「No」，指指酒瓶，劉香成只好把一瓶酒都給他。壯漢很高興，當場仰脖一口氣喝乾了整瓶伏特加，喝完渾身一哆嗦，滿面紅光，看得劉香成目瞪口呆。

為了深入觀察蘇聯民眾的生活，劉香成找到了一戶好客的猶太人家庭，這家人正在申請移民以色列，他們允許劉香成住在家裏隨時拍照。他們平時的生活起居，還有週末做猶太教的禮拜，劉香成都全程跟隨拍攝。這樣的工作持續了幾週，蘇聯外交部派人找劉香成過去，問他為甚麼對猶太人這樣感興趣，有甚麼目的。

「我們知道你在做甚麼。」蘇聯外交部官員對劉香成說。

在執政晚期，蘇共絲毫沒有放鬆對社會的控制。劉香成最初住在政府為外國記者安排的公寓，過了幾個月又搬到美聯社為特派記者自 1945 年起就租用的一套外交公寓，位於莫斯科河邊的一座大廈裏，這座大廈是二戰時期德軍俘虜建造的。劉香成聘請了一家丹麥的室內裝修公司，重新翻修了這套公寓。在打掉廚房的一堵牆壁時，裝修工人打電話給正在法國度假的劉香成，説牆壁裏面藏着很多竊聽器。還有一次，劉香成去美國《新聞週刊》駐莫斯科的一位女記者卡羅爾·博格特（Carroll Bogert）家裏吃飯。劉香成上樓時偶然發現，樓內有個工人住的房間門半開着，透出一些燈光。他從門前經過，看到屋內有個老太太趴在桌上打盹，她面前還有一台用於竊聽的答錄機，正在沙沙地運轉着。

❊ ❊ ❊

「八一九」政變發生時，劉香成正在加勒比海岸邊度假，美聯社的電話打過來，通知他立刻趕回莫斯科。1991 年 8 月 18 日，正在克里米亞豪華的海邊別墅度假的戈爾巴喬夫，突然發現別墅通往外界的所有電話線都被掐斷，他已無法行使蘇聯總統的職權。發動這場政變的領導者包括蘇聯副總統亞納耶夫、克格勃主席克留其科夫、國防部長亞佐夫等人。8 月 19 日，老布希也在度假，美國總統在緬因州的度假別墅裏打開電視機，驚訝地發現蘇聯副總統亞納耶夫出現在畫面上，宣佈蘇聯進入緊急狀態，戈爾巴喬夫「因健康狀況不佳而不能履行總統職務」。

老布希不久前才剛見過好端端的戈爾巴喬夫。很明顯，這是一場政變，而且事出突然，連中情局事先都毫無覺察，外界也無從得知戈爾巴喬夫身在何處，是死是活。

蘇聯政變的消息震驚世界，劉香成知道大事發生，他先回到紐約，帶上了最新型的衛星通訊設備，再飛回莫斯科。登機前劉香成打電話給莫斯科的美聯社同事，説自己攜帶了體積很大的通訊設備，恐怕進入海關時會有麻煩。蘇聯社會腐敗成風，從上層高官到基層民眾，人人知道辦事需要花錢打點，否則寸步難行。莫斯科的百貨大樓有專供特權階層購物的櫃檯，官員們享受着政府配發的豪華別墅和轎車。葉利欽在 1990 年出版的自傳《我的自述》中寫道：「就連我這個政治局候補委員，都配有三個廚師、三個服務員、一個清潔工還有一個花匠……蘇聯暫時只能為幾十個人建立真正的共產主義。當人們了解到這令人憤怒的社會不公，並看到黨的領袖不採取任何措施以制止黨的高層人物對財富不知羞恥地掠奪，就會失去最後一丁點的信任。」劉香成的同事們找到一個海關工作人員，塞給他一個紅包，巨大的行李箱就順利過關。

政變發生時，葉利欽也在莫斯科郊外的別墅度假，他沒有參與政變，得知消息時也是一頭霧水。但葉利欽很快行動起來，他驅車趕到莫斯科市中心的俄羅斯議會大廈，蘇聯人稱那座大廈是「俄羅斯的白宮」，這裏已經停滿了坦克。葉利欽在支持者的簇擁下爬到一輛坦克頂上，宣佈了俄羅斯的態度——反對政變，倡議莫斯科市民發動罷工，直到蘇聯總統恢復其合法權力。

1990 年，在芬蘭首都赫爾辛基的美蘇高峰會議上，美國總統布希與戈爾巴喬夫會面。（攝影劉香成）

1991 年，政變策劃領導人記者招待會。（攝影劉香成）

兩個清潔工在克林姆林宮接受劉香成為她們拍攝肖像（攝影劉香成）

1991 年，政變失敗後，莫斯科民眾在坦克上慶賀政變失敗。（攝影劉香成）

1991 年，俄羅斯士兵在火車站與女友吻別。（攝影劉香成）

每一場運動都像一場大潮，把很多人捲進來，往往，海潮退去，滿地不過一些瓦礫而已。蘇聯在解體前對戈爾巴喬夫的政變失敗後，沮喪的當地人舉着雨傘靜靜的走過莫斯科白宮邊的馬路上，群眾扔的磚頭到處都是。（攝影劉香成）

葉利欽號召的罷工並沒有獲得人民的回應，但莫斯科市民紛紛走上街頭，阻擋了正在開進城的裝甲部隊，四千多名蘇軍士兵和數百輛坦克被堵在莫斯科的街道上動彈不得。劉香成拿着相機在街上抓拍，他看到蘇聯老百姓在質問士兵「你們到這來做甚麼」。年輕的士兵們同樣困惑，他們服從命令進入莫斯科市區，手持武器但不知誰是敵人，沒有人敢向同胞開火。劉香成拍攝紅場上的示威人群，看到一些衣着樸素而不失優雅的俄羅斯老太太，在街頭大聲朗誦普希金的詩歌。

天色漸晚。劉香成看到俄羅斯議會大廈外面的坦克，心想搞不好等到夜裏，軍隊就會發起進攻。他找了附近一處能看到議會大廈的民宅，敲開房門，請求房主允許自己留宿。議會大廈裏的葉利欽同樣緊張，他的部下建議俄羅斯總統可以去地下室睡覺，但葉利欽只在辦公室裏打了一會兒盹。

當夜無人入眠，但戰鬥並未發生。政變的領導層已經出現了意見分歧，每個人都想到了幾個月前發生在立陶宛維爾紐斯的悲劇——當軍事行動展開，有人流血之後，誰會對此負責？忐忑不安的國防部長亞佐夫甚至讓人捎話給葉利欽：「我是俄羅斯人，我絕不會讓我的軍隊沾滿自己人民的鮮血。」

第二天，小規模的武裝衝突還是在莫斯科市內爆發了，但很快平息。亞佐夫命令軍隊停火，據説在議會大廈附近的地下通道裏死了三個人，其中一個是被裝甲車軋死的。克格勃特種部隊也按兵不動，這些對政變保持觀望態度的人裏，包括日後接替葉利欽統治俄羅斯的弗拉基米爾·弗拉基米羅維奇·普京——他當時只有三十九歲，是克格勃的中校軍官，也擔任列寧格勒蘇維埃主席的外事顧問。普京在政變發生第二天就辭去了自己在情報機構的職位，此前他曾作為克格勃間諜被派駐東德五年，1990 年才返回蘇聯。

8 月 21 日上午，亞佐夫命令軍隊完全撤出莫斯科，而且是「全速撤退」。政變發動者裏缺乏像葉利欽那樣具有強大號召力的領袖，他們也各有自己的小算盤，這使得「八一九」政變僅僅持續了三天就鳴鑼收兵。當天下午，被軟禁在克里米亞海邊的戈爾巴喬夫發現，電話線又接通了。一直在不停嘗試撥打戈爾巴喬夫別墅電話的美國軍方竟然打通了電話，戈爾巴喬夫對美國人說：「感謝上帝，我在這裏被關了幾天。」

「上帝啊，太好了。」電話另一端的老布希說，「我馬上向全世界宣佈這個消息。」

✣ ✣ ✣

二十世紀中葉，蘇聯投入大量資源發展國防軍工產業，這些兵工廠大多位於內陸腹地，「中國也是學蘇聯，在大後方的偏遠地區造了很多兵工廠。」八十年代後期，這些工廠生產基本陷入停滯狀態，工人們無所事事。劉香成從莫斯科出發，開車六個小時到了一個小鎮，整個小鎮就是圍繞一座兵工廠建設起來，有一萬多名工人和家屬住在鎮上。工人們帶劉香成參觀，這座工廠以前專門生產坦克履帶和地雷壓盤，劉香成看到工廠裏積壓了無數裝滿地雷的木箱。地雷和坦克履帶都已經賣不出去，工廠改用閒置的機床設備生產絞肉餡機。

「我一看那個絞肉機，又大又重，醜得要命。我說你們這個絞肉機恐怕也賣不掉，比日本松下生產的絞肉機可差得遠。」劉香成說，這個國家的工業，顯然出現了嚴重的問題。

還有一次，蘇聯國防部組織西方記者參觀軍事設施。「我們一隊人走着走着，突然發現前面帶路的蘇聯國防部的人不見了。」劉香成說，「照理說國防部接待記者應該組織嚴密，有條有理。所以我感覺這個國家機器已經渙散了，連國防部的人都心不在焉。」

農村裏是另一番景象，因為土地肥沃，蘇聯的農民生活倒比工人稍好一些。「我就發現蘇聯人再窮，其實也不至於餓死，畢竟有廣闊的土地，農業是很發達的。」劉香成在莫斯科郊外的農村裏租了一座小房子，週末閒暇過去度假。有一天在田野裏散步，看到遠處一群人好像在說中文，劉香成就過去搭話，果然是一群中國人。

「你們在這裏做甚麼呢？」劉香成用中文打招呼。

「種地啊。」這是一群在蘇聯承包農場的中國農場主。劉香成覺得有趣，和他們聊起來才知道，當時中國人在蘇聯上千個農場裏打工。

「蘇聯的農業機械化水準很高啊，為甚麼需要你們來種地呢？」劉香成問道。

「哼，你看。」一位農場主從田裏隨手拔出一根胡蘿蔔，「這是我們中國人手工播種的胡蘿蔔，又粗又大。」他又指向遠處的另一塊田，「那邊是蘇聯人用機器種的胡蘿蔔，小得很。」

劉香成又問：「現在蘇聯的經濟很不好，他們怎麼付你們錢呢？」「我們不收錢。」中國農場主說，「蘇聯人用卡車和拖拉機跟我們交換胡蘿蔔，我們把這些機器開到蒙古去，再運回中國賣掉。」後來就這次在蘇聯農村的考察，劉香成和《新聞週刊》的另一位女記者多琳達·艾略特（Dorinda Elliott）一起做了一篇特稿。

「八一九」政變結束後，戈爾巴喬夫返回莫斯科重掌權力，但這個國家還是不可抑止地走向分崩離析。1991 年 8 月 22 日，葉利欽簽署法令，禁止《真理報》出版發行，他還解僱了塔斯社的社長。莫斯科仍然有很多遊行示威者，他們聚集到克格勃總部前的盧賓卡廣場上，那裏矗立着一座「鐵人費利克斯」雕像。費利克斯·埃德蒙多維奇·捷爾任斯基是克格勃前身「契卡」的創始人，蘇聯歷史上無數加入秘密警員組織的人，都曾對着「鐵人費利克斯」宣誓效忠。示威者試圖推倒這尊雕像，但雕像實在太重，最後是一台起重機過來，把雕像連同底座一起吊走了。圍觀人群歡呼着：「打倒克格勃！打倒蘇聯！」8 月 24 日，戈爾巴喬夫在克里姆林宮簽署了一系列法令，他解散了內閣，辭去了自己擔任的蘇共中央總書記職務，還建議蘇共自行解散。

1991 年 9 月，外高加索地區的亞美尼亞舉行全民公決，宣佈脱離蘇聯獨立，並於當年 12 月加入獨聯體。劉香成和十幾個各國媒體記者一起包了架小飛機前往亞美尼亞，他們只找到一家條件很糟糕的酒店入住。「那個地方根本沒有好一點兒的酒店，不要説四星級五星級，我們住的那家可能相當於一星級。」

對劉香成來説，每到一個地方住下來，他首先要做的事情是把衛生間改造成沖洗膠片用的暗房。「我這一生在全世界無數的酒店衛生間裏洗過膠卷。」九十年代初，劉香成已經主要使用彩色膠卷拍照，「洗彩色膠卷需要把藥水加熱到三十八點四攝氏度，就是溫溫的感覺，過冷過熱都不行。」膠卷洗好，還要用打字機打出圖片説明，黏貼在照片下面，再放進傳真機發稿。劉香成記得很清楚，當時的傳真機發送一張彩色圖片需要二十四分鐘，也就是一個小時只能傳三張照片，遇到信號斷線還要耗時更久。

在亞美尼亞的小酒店，十幾個各國記者擠在不多的幾個房間裏，劉香成在衛生間洗完膠卷，把藥水倒進馬桶，按下沖水按鈕，就聽見樓下房間傳出一聲尖叫。他趕快下樓去看，樓下房間的衛生間裏，路透社的一位女攝影師，比利時人弗雷德里克·朗蓋尼（Frederique Lengaigne）滿身是水沖出來，連連叫着「Damn it（該死的）」。原來她也在衛生間裏洗膠卷，酒店天花板漏水嚴重，劉香成在樓上一沖馬桶，樓下女攝影師的暗房就發了水災。

❊　❊　❊

1991 年 12 月 25 日的夜晚，劉香成在克里姆林宮拍下了戈爾巴喬夫發表辭職講話的照片，蘇聯總統扔下手中講稿的那一刻定格載入史冊。「這個象徵意義在於，舊的一頁徹底翻過去了。」劉香成説。第二天，蘇聯最高蘇維埃共和國院舉行最後一次會議，劉香成又到場拍照，主席台上只有共和國院主席阿利姆扎諾夫一個人，偌大的會場裏也只有幾十個代表。阿利姆扎諾夫主席宣佈：「既然蘇聯總統已經向全體人民宣佈辭職，既然蘇聯國旗已經降下，我們今天以憲法規定的程式平靜地完成我們的工作——舉行最後一次會議。」

蘇聯解體後，劉香成的一項重要工作，是恢復美聯社與原蘇聯各加盟共和國新聞機構的工作聯繫。「以前美聯社只跟蘇聯的塔斯社有業務合作，比如交換新聞圖片。」劉香成説，蘇聯解體後，各個獨立國家都有自己的新聞媒體，美聯社需要逐一和各國的主要媒體簽署合作協議。1992 年 1 月，俄羅斯總統葉利欽命令塔斯社和俄新社合併組建俄塔社（Itar-Tass），成為新的俄羅斯國家通訊社。

葉利欽上台後，很多美國經濟學家來到莫斯科，成為俄羅斯改革的經濟顧問，他們建議葉利欽實行「休克療法」——這本來是一個醫學術語，指通過電擊使精神疾病患者渾身抽搐，進而緩解病症。到了經濟學領域，簡單來説，就是推行自由市場經濟和私有化改革，緊縮銀根，強力壓制消費需求，而這可能會導致一定程度的社會動盪，就像用電擊使人抽搐休克一樣。

1992 年初，「休克療法」開始在俄羅斯實施，馬上出現物價暴漲，政府完全控制不住局勢。劉香成記得，剛到蘇聯的 1990 年上半年，蘇聯物價還算穩定，「盧布比美元還略貴一點，大概一美元相當於零點九個盧布。」從莫斯科乘飛機到遠東的伯力（哈巴羅夫斯克），機票只要二十盧布。蘇聯解體後，俄羅斯開始出現嚴重的通貨膨脹，盧布大幅貶值。1992 年 4 月，俄國普通消費品價格已經比 1991 年 12 月上漲了六十多倍。政府為了緩解財政壓力繼續增發盧布，1993 年新版盧布發行，舊版貨幣統統作廢。劉香成準備離開俄羅斯的 1994 年，一美元可以兑換到四千多盧布，民眾手中的財富大幅縮水。當時劉香成去歐洲度假，出發前會在莫斯科買很多阿塞拜疆出產的上好魚子醬，行李箱裏塞滿魚子醬罐頭，帶去西歐國家送給朋友們。阿塞拜疆位於外高加索，是蘇聯的加盟共和國之一，魚子醬每罐售價一美元，到西歐國家每罐價值就變成兩百多英鎊。「我那時在歐洲可受歡迎了，人緣很好，像聖誕老人一樣。」劉香成調侃自己。

左右兩圖：1993 年，莫斯科紅場上，最後一次慶祝蘇聯的五一勞動節的「兩代人」。（攝影劉香成）

LD TRU

一些原本屬於國有的大企業，在蘇聯解體之後大量轉為私有，這種轉化的方式顯然經過精心謀劃。「比如我知道莫斯科有家很大的巧克力廠，巧克力廠的私有化就是給每個工人分股票。工人們拿不到薪水，吃飯都成問題，拿股票有甚麼用呢？」劉香成説，所以工人們就跑去銀行，銀行有人專門收這些工人的股票，給工人很少的錢，就把一家大工廠的股權收購到了少數財力雄厚的富人手中。一家巧克力廠如此，更多的電廠、礦山、油田等等，無不如法炮製。葉利欽掌權後，俄羅斯有「七大寡頭」之説，這些寡頭包括別列佐夫斯基、古辛斯基、霍多爾科夫斯基等人。1994 年初，葉利欽宣佈放棄「休克療法」，1996 年他又承認「過去改革中抄襲西方經濟的做法是錯誤的。」時至今日，俄羅斯經濟依然在低谷中徘徊。

幾十年後，諾貝爾經濟學獎得主約瑟夫·斯蒂格利茲（Joseph E. Stiglitz）在一次演講中指出，美國、歐盟政府和當時的絕大部份西方經濟學家，給蘇聯開出了錯誤的藥方，包括土地私有化等過於猛烈的新自由主義所主張的一攬子方法，沒有起到穩定金融和經濟的作用，而是造成了長期增長停滯、貧富分化、危機不斷的災難性後果。相比較之下，中國自 1978 年以來的改革開放策略，在發展中國家中是個成功的例子。鄧小平「摸着石頭過河」的實證檢驗思維方式下的務實政策選擇，更符合中國的國情和發展階段，使得中國經濟享有這幾十年平穩增速的發展。約瑟夫·斯蒂格利茲高度讚揚中國改革開放取得的成績。

《華盛頓郵報》駐莫斯科記者大衛·雷姆尼克（David Remnick）的辦公室就在美聯社隔壁，劉香成經常和大衛約着一起吃飯，他們共同的難題是，在莫斯科很難找到一個方便吃飯和聊天的場所——這座城市幾乎遍佈竊聽器，尤其是在外國人出現的地方，無論大使館還是高級餐廳。蘇聯解體以後，有一天兩人又約着一起，在新建的美國大使館裏的美國俱樂部吃工作午餐。

「蘇聯已經不存在了。」劉香成說，「你結束在這裏的工作之後，打算做甚麼？」

大衛曾經多次專訪戈爾巴喬夫和葉利欽，對蘇聯歷史和政壇內幕了解頗深。他想了一下說：「有家出版社約我寫本書。」

「關於蘇聯？」

「不，關於中國菜譜。」大衛認真地說，「我喜歡中國菜。」

「那很好啊。」劉香成說，「由你來寫中國菜，這本書一定暢銷。」但是大衛離開蘇聯以後並沒有寫中國菜譜，而是把他在蘇聯多年的見聞寫成了《列寧的墳墓》——這本書獲得了 1994 年的普利策非虛構文學獎，大衛·雷姆尼克也在 1998 年接替蒂娜·布朗（Tina Brown），成為《紐約客》雜誌的總編輯。

在克里姆林宮打了劉香成一拳的那個克格勃特工，在蘇聯解體後有一天竟然來到美聯社駐莫斯科辦公室，他已經不再為克格勃效力，變成了一個推銷防彈衣的商人。劉香成認出了他，兩人交談起來。這位前克格勃特工建議劉香成和他的美聯社同事們採購克格勃研發的高性能防彈衣，前特工比劃着說，AK-47 步槍威力巨大，近距離可以一槍射穿十四個人的身體，而克格勃的防彈衣就可以擋住 AK-47 的子彈。

「絕對可靠！」前特工自豪地說。

劉香成掏錢買下了一件防彈衣，因為忽然想起了死在格魯吉亞的那個年輕的攝影師安德烈——如果安德烈有這樣的一件防彈衣，也許悲劇就不會發生。但如果他活着，還會繼續拍照片嗎？克格勃特工都「下海」賣起了防彈衣，蘇聯已經不復存在，無數人的生活因此變得一塌糊塗。

重返中國

1992 年榮獲普利策現場新聞攝影獎後，劉香成把自己在蘇聯拍攝的圖片整理成書。這本《蘇聯：一個帝國的崩潰》（*USSR: The Collapse of an Empire*）在紐約和香港的兩家出版社同步出版，泰國最大的印刷廠東方印刷（EPCO）承攬了這本書的印刷工作。

東方印刷廠的老闆林明達（Sondhi Limthongkul）是一個傳奇。他是泰國華裔傳媒大亨，擁有《經理報》等多份報紙、雜誌，還有出版社和廣播電台。林明達日後支持他信・西那瓦於 2001 年當選泰國總理，但 2006 年他又創立了反對他信的政治組織「黃衫軍」（人民民主聯盟，PAD）。1993 年，劉香成的《蘇聯》在東方印刷廠重印的時候，戈爾巴喬夫宣佈蘇聯解體的那張照片被某個粗心的工作人員裁掉了一角。劉香成很不高興，他到泰國的時候，林明達打來電話説：「你不要生氣，我來接你吃個午飯。」聊天時劉香成得知，林明達有心在亞洲的其他地區擴大媒體業務，他問劉香成能否幫他。

劉香成也在思考，當蘇聯的工作結束，自己應該去做甚麼？對於一個從事國際新聞報道的攝影記者，在二十世紀最後的二十五年裏，連續目擊了中國的改革開放和政治風波、好萊塢的名利場、南亞的地區軍事衝突、東亞的民主運動、越南從柬埔寨撤軍，再到橫跨歐亞大陸的蘇聯解體，從地震、海嘯，到戰爭、革命，劉香成已經在一線記者的職業生涯中到過各種各樣的新聞現場，收穫了足夠多的職業經驗和榮譽。當然，常年在世界各國奔波，也讓他深覺情感疲憊。「我出差帶的箱子裏有相機和鏡頭，有衛星電話，有暗房設備，有打字機和傳真機，行李總是超過一百公斤。」劉香成説，「我拖着這一百公斤的東西，在各個地方的海關填很多表格，蓋章，安檢，這些流程搞得無比熟悉，實在是累。」劉香成記得，有一次到了阿富汗首都喀布爾的機場，他準備返回新德里。一番折騰之後好不容易上了飛機，遲遲不能起飛，詢問機組人員才得知，這架波音飛機的窗玻璃被塔利班分子打了幾槍，有三個子彈造成的破洞。「我和我的行李都在機場跑道上等了五六個小時。」劉香成說，「等到技術工人把飛機玻璃換好了才能起飛。」

比起體力勞累，情感和同理心的透支更加嚴重。劉香成知道以他的資歷，可以去做美聯社駐歐盟或美國白宮的攝影記者，兩個都是很好的選擇，但他可以想像到每天拍攝世界領導者們開會的場景，那種日復一日的工作狀態，已經不能引發他的熱情。他想換一種完全不同的工作方式，從新聞現場的報道者，轉向媒體的管理者；他想要創造一種新的視覺傳播形式，用更多的圖片來表達對這個世界的看法——而林明達提供了這樣的機會。

劉香成感覺到中國改革開放帶來了新的社會發展動力，他想回到中國，辦一份「全是圖片」的報紙或是雜誌。過去他每天的工作中，都能看到美聯社、法新社、路透社的平台上，滙聚了來自全世界的攝影師捕捉的畫面，大部份的圖片其實沒有發表的機會，而有限的被媒體選用的圖片，其中很多也沒有得到充分的表現和解讀。

「那你回來亞洲吧。」林明達聽完劉香成的想法就說，「我會支持你做任何你想做的事情。」林明達從泰國的銀行取得了高達十億美元的貸款，他要使用這些資金快速擴張在全亞洲的媒體業務。

劉香成利用在莫斯科的最後幾個月時間做出了「全圖片報紙」的試刊，他跟各大通訊社最優秀的攝影記者和圖片編輯們打好了招呼。深思熟慮之後，

1994年，劉香成向美聯社提交了休息一年的申請。一年假期很快過去，美聯社的主管經常打電話請劉香成盡快恢復工作，但劉香成最終表示，希望回到中國去。「我想這時候已經可以看到中國改革開放的初步成果，可能中國的媒體行業也會逐步開放。」劉香成看到，在日本東京有很多報刊媒體，其中有些發行量可以做到千萬級。而在相同的時代，中國媒體還沒有熟練掌握「利用影像的力量來説故事」的能力，這就具有很大的改善空間。中國是世界大國，而中國紙媒的發行量，同這樣一個擁有十四億人口大國在文化建設上的願景，是不匹配的。劉香成向美聯社提交了辭呈，同時他向林明達建議：在亞洲發展媒體，一定要想方設法進入中國。

❊ ❊ ❊

1992年初鄧小平「南巡」之後，中國經濟改革提速，更多行業擴大了引進外資的許可範圍，也有不少外國資本有意進入中國的傳媒業。

劉香成認定機會存在，首先到了香港，在林明達的投資支持下創辦了「M」圖片社。「因為林明達的企業就叫M集團。」劉香成説，「我拿到了世界各國很多通訊社和圖片社的授權，他們很願意把遠東地區獨家的圖片版權給我代理。」

接着，劉香成尋找與內地傳媒機構合作的機會，他知道在中國內地做媒體，一定要有一家「上級主管單位」。剛巧香港三聯書店總經理董秀玉調回北京，正在籌辦《三聯生活週刊》。生活·讀書·新知三聯書店是中國老牌出版機構，其歷史可以追溯到上世紀三十年代，鄒韜奮、胡愈之等著名出版人創辦過的《生活週刊》。

劉香成對《三聯生活週刊》的重啟計劃很感興趣。當時董秀玉先期引入的投資方、香港資本家于品海剛剛退出——于品海做酒店投資起家，後來從金庸手中買下了《明報》，又收購了時代華納集團旗下的《亞洲週刊》。劉香成接替于品海，代表泰國財團成為《三聯生活週刊》的第二任投資方。

但這次合作沒有持續多久，《三聯生活週刊》吸引了來自中國多家媒體的精英知識分子，大家吵吵鬧鬧，經歷了兩年多時間，換了四任主編，到 1995 年才穩定下來。劉香成在創刊籌備期內參與做了幾期試刊，感覺在講故事的理念上，雙方尚有一定的差異，「這次合作就不了了之。」

在爭論磨合的過程中，劉香成對中國內地辦報辦刊的環境熟悉起來。退出《三聯生活週刊》之後，中新社前攝影記者王苗到香港主持《中國旅遊》，為劉香成介紹了來自廣東的合作夥伴孫冕——孫冕是頗具經營思維的資深傳媒人，1992 年創辦了三九廣告傳播公司，他採用邀請名人做廣告的方式，把一種治療胃病的藥物「三九胃泰」宣傳得家喻戶曉。劉香成與孫冕討論合作辦刊的思路，兩人達成共識：刊物應該憑藉發行管道就能盈利，而不必過份依賴廣告。劉香成分析過美國《生活》雜誌日趨衰落的原因，認為雜誌出版成本過高，「賣一本賠一本。例如《生活》這樣老牌的雜誌，過去在美國由於郵政系統的優惠政策，發行新刊成本很低。到後來紙媒競爭不過電視的時候，一旦廣告業績下滑，雜誌的運營就承受不住壓力。」劉香成說，「所以我認為在創辦新刊時，不知道去哪裏能拿廣告，那麼就要壓低成本，也壓低售價，賣一本賺一本。」

劉香成與孫冕合作，設計出了以銅版紙做封面，但內頁使用普通新聞紙的一份八開出版物，看起來又像報紙又像雜誌，這在九十年代初的中國內地還是新鮮事物。孫冕找到廣東華僑聯合會的領導，拿到一個帶字母「Q」的刊號，他們用這個刊號創辦了《7 天華訊》週刊。創刊號封面用了女影星鞏俐的大幅寫真，內容以娛樂、時尚、生活方式為主，例如《水餃皇后名威香港》、《法國時裝不再法國》、《尿布賣到華爾街》等。在扉頁的發刊詞中，《7 天華訊》編輯部聲稱：「你會發現在厚厚的四十八頁裏有文必有圖，總有圖片讓你眼見為實，一展一週內的天下涼熱，世界風雲。」這段話無疑是劉香成的理念體現。

1995 年 11 月，《7 天華訊》投放到廣東省一些城市的書報攤，大受市民讀者歡迎。劉香成和孫冕找到深圳印刷《大公報》的一家印刷廠，由於成本控制精準，果然實現了「賣一本賺一本」，單靠發行即可盈利。然而好景不長，《7 天華訊》出版了不到十期就被叫停——廣東省新聞出版局發現市面上冒出一本《7 天華訊》十分暢銷，但用的卻是「Q」字刊號，「Q」代表「僑」，也就是僑聯的內部刊物，按規定不能公開標價出售，只能贈送。「我們那時候才知道這個 Q 字的意思，公開發行的刊號應該是只有 CN 開頭。」《7 天華訊》只好停刊，劉香成和孫冕投資辦刊的錢都賠了進去。但是主管部門看到《7 天華訊》暢銷，給孫冕開了另一條路，讓他拿到了廣東出版集團主管下的一個公開刊號，孫冕用這個刊號創辦了《新周刊》，大獲成功。

劉香成沒有繼續投資《新周刊》，但他給孫冕建議，《新周刊》的「周」

字下面可以放一個地球的圖樣，象徵全球視野。劉香成還推薦了攝影師張海兒給孫冕。張海兒 1988 年在法國阿爾勒國際攝影節上嶄露頭角，曾為巴黎 VU 圖片社工作，他擔任了《新周刊》的首席攝影記者。在《新周刊》1996 年 8 月 18 日出版的創刊號封面上，是毛澤東和鄧小平的一張合影，這張照片也來自劉香成的 M 圖片社。

1993 年，中國國家旅遊局下屬《中國旅遊報》的編輯吳泓，拿着報社的十萬元啟動資金創辦了《時尚》雜誌，彼時中國大多數老百姓尚不知道「時尚」二字為何物。吳泓告訴劉香成，這本雜誌原本按照旅遊局領導的意見，擬定名為《旅遊》，吳泓與他的同事劉江向領導解釋半天：改革開放要鼓勵老百姓消費，要宣傳新的生活方式，這才有了《時尚》——這本雜誌把讀者群鎖定為正在崛起的城市白領階層，吳泓想用好萊塢和歐洲一線女明星的照片做封面，而這種圖片資源就在劉香成手中。「在 1996 年左右我們開始合作，M 圖片社給《時尚》雜誌提供明星寫真，每組圖片售價一千五百美元。」當時這樣的稿費堪稱天價。《南方週末》原主編左方有一次與劉香成聊天時説，像王蒙這樣的頂級作者，報刊只給開出每千字一百五十元人民幣的稿費，劉香成怎能「一張世界盃足球比賽的圖片就收費五百元人民幣」。《時尚》雜誌如今已發展為擁有十多本雜誌和新媒體的時尚傳媒集團，2009 年吳泓因癌症病逝，年僅四十六歲。2019 年，劉江也因病逝世，享年六十二歲。

劉香成的 M 圖片社運營良好，與中國內地的很多媒體建立了合作關係。1994 年世界盃足球賽在美國舉行，劉香成通過中新社香港分社的專線，即時把美國媒體在賽場拍攝的照片傳到北京，此舉令中新社對這屆世界盃的圖片報道明顯領先於新華社。這些署名「M 圖片社供圖」的新聞照片，吸引了越來越多的內地媒體前來尋求合作。「我當時搞不清楚內地的稿費標準，好像轉賬匯款也非常麻煩，就説買圖片都用現金好了。」劉香成記得，很多媒體負責人提着整袋的現金來到 M 圖片社辦公室買圖，香港成為國際通訊社和圖片社作品進入中國內地的一個優質管道。

1996 年，劉香成在香港創辦了《中》（*The Chinese*），這是一本報道世界各地華人精英的月刊，視覺風格上有點像美國雜誌《名利場》（*Vanity Fair*），採用銅版紙全彩印刷，每本定價接近一百港幣。「我覺得全世界這麼多優秀的華人，應該有一本雜誌給他們看，也給世界看到中國的活力所在。」

《中》的創刊號封面大片，劉香成請美國攝影師在加州拍攝女影星陳沖，她因為獲得奧斯卡九項大獎的電影《末代皇帝》的女主角而為好萊塢熟知，陳沖在這部影片中飾演了清朝末代皇帝溥儀的妻子婉容。「我跟陳沖和攝影師講，要拍得稍微性感一點。」劉香成説，《中》的定位相當高端，雜誌還採訪拍攝了即將上任香港特首的董建華。「我們在香港所有重要的汽車站上面買燈箱廣告，推廣這本雜誌，市場反響也很熱烈。」劉香成説，「到第一年結束的時候，我們每期雜誌已經有九頁廣告。負責商業的同事跑來跟我説，只要做到十二頁廣告，這個雜誌就可以打平收支了。」劉香成跑去上海，找到中國圖書進出口總公司上海的總經理，對方同意以圖書進口的方式，將《中》月刊引進中國內地。在發行策略上，《中》月刊也推廣到台灣地區、新加坡、馬來西亞、泰國等地，影響力逐漸擴大。當時台北的《聯合報》對《中》月刊的創刊和其辦刊理念做了大篇幅介紹，認為這是中文傳媒出版業界的一次革新創造。資深時尚媒體人劉炳森也很肯定《中》月刊主張的概念。

林明達的主觀願望，是希望擴張其媒體事業版圖，要成為「亞洲的默多克」。所以他投資了各國的多家媒體，並招募了許多西方著名的記者和編輯，在香港創辦了英語的《亞洲時報》（*Asia Inc*）商業月刊。「結果老天爺對這個事情不幫助。」劉香成嘆道。1997 年亞洲金融危機爆發，泰國銀行急於收回給林明達的十億美元貸款，這使得劉香成失去了資金支持。《中》月刊在出版了十三期後停刊。

❊ ❊ ❊

1997 年，為了給《中》月刊尋找新的投資方，劉香成回到自己職業生涯起步的地方——時代華納集團。「時代華納的人看了《中》，說這本雜誌實在辦得不錯，但是我們現在沒有辦法做中文刊物，不如你回來吧，幫我們打開中國的市場。」劉香成知道，時代華納考慮劉香成是《時代》週刊首任駐華攝影記者，熟悉中國的情況，尤其是政治形勢的變化，這對於跨國傳媒集團來說非常重要。1997 年 10 月，中國國家主席江澤民訪美，在華盛頓、費城、紐約、波士頓、洛杉磯等七個城市停留。江澤民主席出訪美國之前，劉香成精心策劃了《時代》週刊對江澤民的獨家專訪，並把這次專訪作為《時代》週刊的封面故事發表。《時代》週刊也極為重視，派出國際版總編輯亨利．穆勒（Henry Muller）和亞洲版主編唐納德．莫里森（Donald Morrison），同劉香成一起在上海西郊賓館，對江澤民主席做了長達兩個小時的拍攝和採訪。

1997 年，江澤民主席訪問美國前，接受美國《時代》週刊的採訪。(攝影劉香成)

1999 年，江澤民主席在上海全球財富論壇上接見基辛格，左二為劉香成。

劉香成在默多克位於洛杉磯比華利山莊的家中與他討論發展中國業務

之後，劉香成出任時代華納集團駐中國首席代表，全面負責時代華納在華政府關係事務。在接受時代華納的工作邀請之前，劉香成向時任《時代》週刊亞洲版主編唐納德·莫里森表示，想要見一見集團總裁傑拉德·李文（Gerald Levin）。唐納德立刻幫忙安排了劉香成在紐約同李文的見面。在時代華納集團位於 75 Rockefeller Plaza（洛克菲勒廣場）的辦公室裏，劉香成見到在一個玻璃罩子裏保存完好的一台打字機，打字機的主人是《時代》週刊創始人亨利·盧斯。這位出生於山東蓬萊一個傳教士家庭的傳奇媒體大亨，就是用這台打字機敲出了他的著名預言「二十世紀將是美國人的世紀」，以及他創辦一份符合這個世紀閱讀需求的雜誌的初衷。

「在我和李文的談話中，我請他注意借鑑通用電氣傑克·韋爾奇打開中國之門的做法。」劉香成說，傑克·韋爾奇作為通用電氣集團的最高領導者，親自出面自上而下地敲開中國市場大門，之後再由通用電氣的各個分支機構的主管去跟進落實具體措施。「我對李文說，類似於通用電氣，規模龐大的時代華納旗下也有很多相互獨立的業務，單獨拎出來，每個都是數十億美元的生意。如果《時代》和華納影視、HBO、特納公司等業務線紛紛一窩蜂地去接洽中國，中方的高層領導人會非常難辦，不可能一一對接這個龐大集團裏的各個山頭。」劉香成說，「李文立刻『秒懂』了我的意思，並且承諾，他會親自負責為時代華納來中國開疆拓土。」

1998 年 1 月 19 日下午，中國國家主席江澤民在中南海會見到訪中國的時代華納集團 CEO 傑拉德·李文。

「當天晚上，江主席還在中南海設宴款待李文一行，我有幸作陪。」劉香成記得，晚宴菜單是西式的黑椒牛排搭配紅酒。中南海是過去幾個世紀的皇家園林，也是 1949 年新中國建立後中央領導人居住和辦公的場所。「當我們的車隊從西邊的新華門進入中南海時，門口荷槍實彈的衛兵站姿如松，目不斜視。」劉香成説，「也不知道他們採用了甚麼安保方式，反正無需檢驗我們任何一個人的身份，車隊就通行進入中南海。」

晚宴開始前，賓主雙方分別落座，開始一些非正式的談話。「李文事先並沒有告訴我們，他給江主席帶的見面禮是甚麼。」劉香成説，談話進行中李文站了起來，他的助手彼得・沃夫（Peter Woff）隨即起身捧上一個盒子，打開之後，裏面是一本書。傑拉德・李文説，他知道江主席曾經在一次講話中大段引用了林肯在葛底斯堡的演説，這令李文非常感動，因為每個受教育的美國人都在學生時代讀過林肯的這篇著名演説稿，顯然，江主席對美國的歷史非常熟悉。所以這次訪華，李文特意找到了一本罕見的林肯演説的初版書，作為禮物贈送給江主席。

「眾所周知，江澤民主席在中南海有過三次重要的對美國客人的宴請，除時代華納的李文之外，另兩次宴請的是通用電氣的傑克・韋爾奇和新聞集團的默多克。」劉香成説，「而我有幸參加過李文和默多克這兩次宴請。」在後來江主席宴請新聞集團默多克的那次晚宴結束後，時任中央辦公廳主任曾慶紅邀請大家飯後小聚，於是一行人又驅車到朝陽區。「飯後小聚的參與者裏面，還有幾位重要的中國客人，包括前國家領導人鄧小平的女兒毛毛（鄧榕）和她的丈夫賀平（時任中國保利集團董事長）。」劉香成説，大家小酌幾杯，用了些果盤之後，曾慶紅起身邀請鄧文迪跳了一支舞。當曲調變換至下一首時髦的舞曲時，毛毛過來邀請曾慶紅共舞，後者禮貌地推辭了，用輕鬆的語氣說：「我可不能和你跳舞。」

「在中國的政治傳統中，人們總是熱衷於解讀一些中共高層社交場合，浮於表面的現象。」劉香成說，「究竟和毛毛共舞一曲有甚麼深意，我也說不清楚，完全是各人心裏的揣摩了。」

再次回到北京居住，劉香成備感親切，他在距離故宮不遠的地方買下了一座四合院，這裏很適合舉辦高級而私密的家庭晚宴。「我跟很多北京的政府官員聊天，我說中國要塑造新的國際形象，應該跟美國媒體合作。」在美國東岸，大報平常扮演的角色是「決定甚麼是值得人們關心的新聞議程」，其次，大報往往能夠影響電視媒體的選題跟進。而週刊和月刊這兩種紙媒形式，則經常起到深化某些議題的報道並擴大其話題影響力的作用。劉香成說，媒體在西方的影響力經常被許多中國官員低估，所謂「第四權力」，指的是在行政權、立法權、司法權這三種權力之外，媒體所擁有的輿論監督和影響公眾的巨大力量。「坦率說，如果外國集團不能在中國獲得經濟利益，它們也就不會聽你的意見。」劉香成說，雙方互相都缺乏克制對方的影響力。「從新聞人的直覺和中國人對最重要年份的本能認同出發，我想到 1999 年是中華人民共和國建國半個世紀，中國領導人會很願意讓世界五百強企業的 CEO 們親眼看到中國改革開放的初步成果。」他找到國務院新聞辦的領導，提出建議在中國舉辦一次《財富》全球論壇，雙方一拍即合。

《財富》全球論壇是美國時代華納集團旗下雜誌《財富》（*Fortune Magazine*）於 1995 年開始舉辦的活動。創刊於 1930 年的《財富》雜誌自

1954 年開始，每年推出世界五百強企業排行榜，這一榜單影響巨大。全球頂級跨國公司的 CEO 以及世界知名的政治家和經濟學家們，每年會在《財富》全球論壇上探討全球經濟問題，這一論壇每次也會在世界範圍內選擇富有經濟活力的城市落地。1999 年 9 月 27 日，第五屆《財富》全球論壇在上海舉行，主題為「中國：未來五十年」。為了這次盛會的召開，浦東外灘建起了形似兩個圓球的上海國際會議中心，「很多人不知道，那兩個球就是《財富》雜誌的標誌。」劉香成説。

為籌辦這次大會，在前期長達一年的準備工作過程中，中美雙方就許多問題進行討論，建立了廣泛的交流合作機制並形成共識。當時有一位 CNN 女記者對中國的報道令外交部非常不滿，後者原本準備施壓「請走」這位女記者。但劉香成通過有關管道建議，為了不影響會議的成功舉辦，這件事最好拖延一段時間再議。劉香成同時也向 CNN 建議，在每年 6 月前夕，不要播放一些中方很敏感的事件的資料鏡頭和相關報道。在劉香成的多方斡旋下，中美雙方形成了某種默契，使得會議的籌備工作進展順利。不過，在《財富》全球論壇即將召開的不久前，又出現了一次風波：《時代》週刊把台灣地區領導人陳水扁的照片用作了封面故事，中方對此非常敏感。「我們為了不影響會議成功召開，經過各方協商，令那期《時代》週刊不在中國內地的書店銷售，但並不阻止國內訂戶收到這期雜誌。」劉香成説，「所以從原則上講，這期《時代》週刊在大陸並沒有『被禁』。」

這屆《財富》全球論壇吸引了世界五百強公司中的三百多位 CEO 和高管來到上海：通用、福特、寶潔、戴爾……這些世界級企業掌控着巨量資本，僅是時代華納集團一家，當時的年營收額就超過了新西蘭的國民生產總值。中國首次舉辦如此龐大規模的全球經濟活動，這一年進入《財富》世界五百強榜單的中國企業只有五家。浦東國際機場在此前一週剛剛通航，就迎來了數十架密集穿梭的私人公務機。

在預先邀請世界五百強公司的 CEO 們時，《財富》遇到一個難題：眾所周知，這些世界五百強公司的 CEO 都是超級忙人，他們雖然都很重視中國市場，但也同時都很關心，這次會議中方會有甚麼級別的領導出席。而中方領導人的時間預定也有很多複雜的程式和變數，如何增強大家的信心呢？最後劉香成提出一個解決辦法：邀請中國國家領導人為大會親筆題寫賀詞「預祝 1999 年財富論壇年會在上海舉行圓滿成功」，將這句題詞印在請柬封面上送給各位世界五百強 CEO。這些商業領袖們收到請柬都很高興，因為他們都明確意識到這份請柬的寓意——中國國家領導人本人將會出席此次大會。於是，首次在上海舉行的這屆《財富》全球論壇被提升到空前高規格的國際會議等級，也獲得了全世界商業領袖們空前的參與熱情。

中國國家主席江澤民率領四十多位部級以上官員出席大會，江澤民還在開幕晚宴上致辭，他説：「十四年前我是上海市長，經歷了中國這座最大城市改革開放和現代化建設的進程……你們把眼光投向中國，中國歡迎你們。中國的現代化建設需要你們的參與，中國的經濟發展也將為你們提供巨大的機遇。」外國企業家們對江澤民的發言報以熱烈掌聲。

這次開幕晚宴是由中國銀行贊助的。原本確定的論壇贊助商只有五家，贊助商名額數月之前就已全部賣出。中國銀行得知消息後，派出一位副行長，三次來找時代華納集團游說，希望能夠增加贊助商名額。「第三次來的時候，這位副行長説，你們不答應我們做論壇贊助商，我就不走了。」劉香成説，「我就跟時代華納和《財富》雜誌的高層解釋，我們在中國開會嘛，也不能全部都是國際贊助商，增加中國企業作為贊助商是合情合理的。」於是，中國銀行如願成為論壇官方贊助商之一。副行長又來找劉香成，他説：「劉先生，我們聽説論壇開幕那天有個晚宴，國家領導人和數十位部長級領導都要來，那麼能不能讓我們中行來贊助這場盛大晚宴呢？」劉香成説，這個贊助意願也成為現實。

然而晚宴進行中發生了一個意外。那天的主持人，是《財富》的編務總監傑奧夫・科爾文（Geoff Colvin），他在介紹贊助商時出現了口誤：「今天的晚宴我們要感謝中國人民銀行的贊助。」聽到這句話，劉香成發現台下的中國銀行領導當時臉都綠了。

「江澤民主席和所有來賓都在座，我趕快站起來跑去跟主持人説，請你馬上更正，今天晚宴應該感謝的是中國銀行，不是中國人民銀行。」主持人馬上説抱歉，重新宣佈了正確的贊助商。「我回到座位的時候，中國銀行那個副總衝我豎起大拇指，説劉先生我欠你一個人情。」劉香成説，籌備這次論壇花了一年多時間，是他為時代華納集團在中國做的重要專案之一。

開幕晚宴後，中國領導人和世界商業領袖們一起走到黃浦江邊，觀看焰火表演。中秋月明，煙花綻放，映紅了滔滔江水和數百人的笑臉。在這裏，浦東的「華爾街」金融建築群已初具規模。幾天之後，就是中華人民共和國成立五十週年的國慶日。劉香成後來接受上海衛視採訪時説：「我感覺那個時刻，

兩位時髦的上海女郎開車駛向浦東金融中心，中國的「華爾街」。（攝影劉香成）

1999 年的秋天，世界五百強公司的領導者們聚集在黃浦江邊，迎接二十一世紀的到來，那正是中國崛起劃時代的象徵。」當時中國已經有超過三十萬家外資企業，實際使用外商投資金額接近三千億美元。而中國努力加入 WTO（世界貿易組織）的談判，還處在艱難膠着的狀態。這屆上海《財富》全球論壇釋放出中國開放的強烈信號。2001 年，時任美國總統克林頓赴香港參加當年的《財富》全球論壇，而中國正是在 2001 年正式加入了 WTO。

1999 年在上海舉辦的《財富》全球論壇，會期是從 9 月 27 日到 9 月 29 日。論壇閉幕後，數百位外國企業家又從上海飛到北京，觀看國慶五十週年慶典。按照原定的日程，國務院總理朱鎔基將會接見外國企業家代表團，時間只有十五分鐘，之後是北京市委書記賈慶林與企業家們座談。

「十五分鐘的時間，通常是領導人出來跟大家握手合影，很快就結束了。」劉香成説，但是朱鎔基打破了原定計劃，他對來華的這些外國企業巨頭們非常感興趣，坐下來聊了很久。「關於中國經濟，你們有任何問題都可以問我。」朱鎔基説。企業家們紛紛發言，劉香成時不時看錶，半個小時過去了，一個小時過去了，一個半小時過去了……談話還沒有結束的跡象。聊到一小時四十五分鐘時，外國企業家們已經沒有問題，朱鎔基大手一揮：「你們沒有問題了，好，我來講！」總理繼續就外商在華投資等問題，徵詢各國企業家的意見。

朱總理的會見持續了兩個多小時。劉香成暗暗擔心，在附近貴賓樓等待的賈慶林書記是否等急了。直到他看見賈慶林滿面笑容地出現，和企業家們緊緊握手，才放下心來。有隨行的幹部告訴劉香成不必擔心，「這是非常重要的會見，每個人都有足夠的耐心。」

1999 年，中國總理朱鎔基在人民大會堂接見上海全球財富論壇的代表，左一為時任國新辦主任趙啟正。

1999 年新中國成立 50 週年的國慶觀禮台上，時代華納董事長兼 CEO 李文，Gerald Levin（中）和時代週刊的國際部總編輯 Joelle Attinger（右）和遠來參加全球財富論壇的時代華納代表團成員一起觀看解放軍檢閱。（劉香成攝影）

2000 年，劉香成（左起）與默多克、吳光叔、鄧文迪、吳光叔的女兒 Geraldine 在紐約聚會。

2001 年，中國政府同意默多克的新聞集團旗下星空衛視在廣東珠三角落地，外宣辦主任王晨（右一）在北京祝賀默多克先生，中為劉香成。

1999 年 10 月 1 日當天，國慶五十週年大閱兵儀式在天安門舉行。所有這次來到北京的《財富》論壇嘉賓，都獲邀請登上天安門前的一號觀禮台。那天巧合的是，時代華納 CEO 傑拉德．李文（Gerald Levin）在觀禮台上初次與 AOL（美國線上）創始人史蒂夫．凱斯（Steve Case）見面，兩人在交流中很快就試探了彼此的商業想法。過了短短幾個月，2000 年 1 月，美國線上與時代華納合併，成立美國線上－時代華納公司，兩家公司合併的交易額高達一千八百一十億美元，創下當時美國乃至全世界最大規模的公司合併案紀錄。

❖ ❖ ❖

《財富》全球論壇在上海成功舉辦後，劉香成又開始積極推進時代華納集團旗下的刊物引進中國。《時代》雜誌有一本關聯刊物叫做《時代數碼》（*TIME Digital*），主要關注數碼科技生活的主題內容。劉香成獲得中央主管領導的許可，開始與上海世紀出版集團洽談合作。但是時代華納在中國做了市場調研，結果顯示這本雜誌引進中國的話，大約每期可以實現五萬份的銷量。「其實雜誌發行量達到五萬份，在中國就算不少了。但是美國人覺得，《時代》週刊每期可以賣到四百五十萬份，在中國做一本五萬份的雜誌沒有意義。」劉香成說，「這個合作沒有談成，對於時代華納是一個歷史性的損失。」時代華納當時更希望能在中國落地一家電視台，這在中國是更加敏感的問題，只能尋求曲線方式。1994 年新加坡電視製作人蔡和平在香港創辦了華娛衛視（CETV），這個電視頻道二十四小時用普通話播放綜藝娛樂節目。2001 年 2 月，時代華納收購了華娛衛視，當年 10 月，華娛衛視獲准在中國內地的有線電視網路落地，信號覆蓋珠三角地區。劉香成在這之前主要負責代表時代華納，與中國政府商談華娛衛視落地經營的種種問題。

在中國經營電視台，這塊蛋糕對於全球傳媒巨頭來說都具有極大吸引力。「默多克聽說我在跟中國政府談這個事情，就邀請我去洛杉磯跟他見面，我們在福克斯公司的食堂吃午飯，他的孩子小默多克也在。」那天吃飯時，默多克邀請劉香成加入新聞集團。

魯伯特·默多克（Rupert Murdoch）是當今世界最著名的傳媒大亨，他擁有的新聞集團（News Corporation）也是全球市值最高的跨國傳媒企業，英國《泰晤士報》和美國二十世紀福克斯公司都是默多克傳媒帝國的產業。「默多克老先生有很強的個人魅力，他善於說服別人。」劉香成說，「我就回答好啊，試試看吧。」

在默多克遍佈全球的傳媒產業版圖裏，中國是個巨大的空白地帶。默多克本人長期通過各種途徑表示對中國的好感，例如請美國前國務卿基辛格牽線，促成了鄧小平女兒毛毛（鄧榕）的著作《我的父親鄧小平》英文版在美國出版。1999 年，默多克還迎娶了第三任妻子——來自中國的鄧文迪。一次在默多克的私人飛機上，默多克對劉香成說：「我們做媒體的人，一定要到人多的地方去。」

2000 年 9 月，劉香成出任新聞集團中國區常務副總裁，主管新聞集團在華的政府關係運作。當時華娛衛視與時代華納的談判還在進行中，劉香成抽身出來，依照相同的模式為新聞集團尋找落地中國的途徑。新聞集團旗下有一家面向亞洲播出華語節目的電視台，名為星空傳媒（STAR），總部設在香港。星空傳媒 1991 年開播時，有一個頻道取名「衛視中文台」，1996 年「衛視中文台」引進新的投資人劉長樂，改組為鳳凰衛視。2001 年，在劉香成的斡旋下，星空傳媒與廣東有線電視網實現合作，成立了以娛樂節目為主的星空衛視。

「我們跟中國政府的談判大約持續了九個月，其間各種難題，最後談成的突破點，也來自於中國官員給我們的某些暗示。」劉香成說，「有一次見到中宣部部長丁關根，他說，我們中國在海外的電視信號也很多啊，可是都在天上飄來飄去。」劉香成聽懂了丁關根的弦外之音。「外國電視台想在中國落地，中國的電視台也想在西方國家落地，這種互換的方式比較容易為中國政府接受。」劉香成告訴默多克，應該努力協調資源，讓中國中央電視台的英語頻道（CCTV-9），在美國和英國實現落地，這樣才有助於星空衛視進入中國內地。

默多克同意了。當時中央電視台英語頻道的負責人江和平還請劉香成派人來培訓，教 CCTV-9 的主持人怎麼穿衣打扮，做甚麼樣的髮型，坐下來的時候身體傾斜多少度面對鏡頭，「一切細節都按照英美國家主流電視台的標準來做。」新聞集團在美國和英國都擁有龐大的電視網絡，「剛開始按照英國 BskyB（天空電視台）的慣例，新聞集團是把央視 9 套放到他們的外語頻段裏面的，在英國 8 字開頭的頻道，比如印度和阿拉伯國家的電視台，還有香港的鳳凰衛視，都在 8 字頭裏面。」劉香成覺得這樣不妥，西方觀眾習慣看的主流大台，比如 BBC、CNN 等，都是在 5 字頭裏面，而 8 字頭頻道的觀眾很少。「我就去跟新聞集團的那些人説，BBC、CNN、Sky News 都是英語播放的，現在

CCTV-9 也是講英語，應該放到 5 字頭裏面。」

這次合作過程中，劉香成與中央電視台的負責人到倫敦考察電視信號覆蓋情況，發現中央電視台的信號在歐洲大陸普遍覆蓋很好，只有在英國上空信號不良。中央電視台於是想進一步探討，在倫敦附近建造地面衛星信號接收站的可行性。當時由於新聞集團與中方的合作，在默多克先生親自積極推動下開展，英方就想辦法找到了一家光纖技術公司，由後者採取成熟的技術解決方案，把 CCTV-9 的信號，從法國巴黎用光纖傳送到英國倫敦，這就節省了中方原本準備建造地面衛星站的大量資金。

2001 年星空衛視在廣東落地之初，限定在廣州市和肇慶市播出，此後逐步擴大覆蓋區域。作為合作條款，廣東有線電視網在星空衛視的節目中，每三十分鐘插播三分鐘廣告。後來的實操經驗證明，類似時代華納和新聞集團這樣的內容產業巨頭，同成功扎根中國市場的通用電氣這類工業巨頭，還是很不一樣。「通用電氣進中國，就是直截了當地建設工廠流水線，可是新聞集團即使在全世界很多國家都有通行的本土化成功經驗，無論是設立報紙、雜誌這樣的紙媒，還是衛星電視以及電影發行，在中國就是行不通，難以發展。」劉香成説，上世紀九十年代，以廣告為主要收入的內容產業模式，在中國要想發展起來，「必須有一隊人馬，不僅熟知中國業務，而且要和中國各地的大企業有廣泛的人脈關係。所以當時鳳凰衛視的業務開展相對順利，星空衛視就碰到很多問題。」雖然北京高層很明確表示歡迎新聞集團在華拓展業務，但中國地域廣袤，地方上的廣電主管部門不一定買賬，常常是「山高皇帝遠」或者「縣官不如現管」。「當時廣東廣電部門的領導經常打電話給我，反對星空播出一些他認為和當地頻道形成競爭態勢的節目。」劉香成說，「回想起來，當時雙方可能都陷入一些誤區。但不可否認的是，北京方面和美國最大的跨國媒體巨頭之間的關係，在當時是前所未有的好。這樣的中美媒體『蜜月期』在今天看來，幾乎是不可想像的。」

除了促成星空衛視落地廣東，劉香成為默多克做的重要工作，還包括請他來到中國，在中共中央黨校發表演講。國務院新聞辦的領導原本希望邀請默多克到國新辦的禮堂演講，劉香成覺得，規格應該再提升，以默多克在全球傳媒業的地位，安排到中央黨校可能更合適。

默多克本人對這次演講非常重視，單是演講稿就反覆修改了大半年時間。「我們每個月專門為演講稿的修改開一次電話會議，默多克和小默多克都參加，有時候鄧文迪也參加。」劉香成說，「我給默多克一個建議：中央黨校邀請西方媒體領袖來講課，這是第一次，下面聽的人都是共產黨的省部級高官。所以你最好不要談中國的事情，你就講在英國和美國怎麼發展媒體業務，講你的成功經驗。中國人很聰明，他們會聽明白哪些事情在中國可行。」

默多克很高興地接受了這個建議，最後確定的演講題目是《文化產業的價值》。2003 年 10 月 8 日，七十二歲的默多克登上中共中央黨校的講台。他首先感謝了中國國家副主席、中央黨校校長曾慶紅的邀請，接着說：「對於任何一個二十一世紀的先進國家而言，一個強勁繁榮的傳媒產業不僅僅是有利可圖的，而是必不可少的……書籍、報紙、電影、雜誌和電視，這些都遠不止是閒暇的消遣，它們是一個民族參與世界範圍偉大思想交流的必經之路。」

默多克成為第一個在中共中央黨校的講台上，直接面對中國共產黨的眾多高級幹部發表演講的外國傳媒業大亨。劉香成還特意邀請了英國《金融時報》駐京負責人、資深的中國問題觀察家詹姆斯·金奇（James Kynge）到場報道默多克的演講。毫無疑問，這次具有特殊意義的演講，一方面對默多克本人以及新聞集團在華影響力的提升大有助益，另一方面，也向世界展現了中國領導層廣開言路的姿態。2004 年 5 月，中國國務院總理溫家寶出訪英國，在會見默多克時，溫家寶表示，雖然他沒有親自去聽默多克幾個月前在中央黨校的演講，但是「你的演講稿我認真讀過了」。

在這次去拜見溫家寶總理的行程中，默多克、羅伯特·湯姆森（Robert Thomson，新聞集團 CEO）和劉香成三人在文華酒店外散步。一路上，羅伯特·湯姆森都在向默多克介紹即將接替布萊爾的下任英國首相候選人的民意調查情況。這項調查是默多克親自請民調公司做的，這種對世界各國主要領導人的詳細調查，使得在過去半個世紀的漫長歲月裏，默多克對英、美、澳等國領導人的判斷不出差錯，維護了默多克旗下龐大的媒體帝國以及他本人的影響力。默多克擁有數十位類似於美國前國務卿基辛格這樣重量級的顧問，這也幫助默多克在西方媒體界樹立了「一枝獨秀」的地位。2016 年美國總統特朗普上台後，默多克旗下的福克斯新聞（FOX News）更是獲得了突出的媒體影響力。

2001 年 7 月 13 日，北京時間二十二時許，國際奧會主席薩馬蘭奇在莫斯科宣佈，2008 年夏季奧運會將在北京舉行。消息傳來，舉國歡騰。那天晚上劉香成在天安門東側不遠處的貴賓樓飯店和一些朋友聚會，大家共同慶祝了申奧成功這件對中國必將產生深遠影響的大事。興奮的北京市民湧上街頭，聚集到天安門廣場，一面巨大的五星紅旗在廣場上緩緩鋪開。劉香成在貴賓樓上看着長安街喧鬧的人群，忽然想起了二十年前，幾乎同樣的場景——1981 年中國女排贏得世界冠軍，廣場上的人群把劉香成高高拋起，還有人往他身上潑灑硫酸。一場體育比賽的輸贏，一次奧運會的舉辦權，為何總是令中國人瘋狂？

附：文化產業的價值（節選）

新聞集團董事長兼首席執行官魯伯特·默多克在中共中央黨校的演講

……充分發展的傳媒產業的第二個主要貢獻是它的增強民族團結的能力。媒體具有一種無與倫比的力量，它能夠把全國各地，哪怕是最遙遠角落裏的人們凝聚在一起。在美國和英國，從體育節目到娛樂節目，以及電視在制止犯罪方面的貢獻，在這些範圍廣泛的不同媒體形式中，這一特殊能力都已經表現得非常清晰了。

在體育節目裏面，電視轉播賽事諸如美國橄欖球的超級杯賽和足球世界盃賽，都顯示出了電視的世界性的號召力，以及團結效應。去年，全美國有將近八千七百萬美國人通過電視收看超級杯賽。這接近美國總人口的三分之一，將近美國電視用户總數的一半。超級杯賽的觀眾遍及全國各州各地，並且幾乎包涵了美國所有不同社會地位、不同種族和原住民族群的成員。只要你們認識到，這是一個同時向全國三分之一人口發佈資訊的機會，那麼就不難理解，為甚麼超級杯賽期間，廣告商們願意支付每分鐘四百萬美元的高價，就是為了能夠做到這一點。

與此同時，在英國，去年的世界盃賽吸引了一千三百萬觀眾：接近全國人口的四分之一。其中六場世界盃比賽，是當年英國電視六個收視率最高的節目。更為重要的是，它的觀眾滲透於全英國所有的社區當中，並且比任何其他節目都更多地超越了種族、職業和經濟地位的界限。

不僅如此，媒體的民族團結力量還可以通過另一個方面觀察到，它不僅能夠播放體育和娛樂節目，也能夠傳遞資訊。人們常説，我們處在一個資訊時代，這體現了這個時代把資訊看作最為珍貴的流通物。媒體行業是這些資訊的提供者，當媒體的服務致力於追求公共利益的時候，它的作用將是不可限量的。

傳媒也可以將一個國家，提升到世界大國的行列之中。除了教育社會和促進國家團結，一個興旺發展的傳媒行業還可以給任何一個國家提供第三個關鍵的益處：它可以提高一個國家在國際上的地位。

……

2003 年，默多克在中共中央黨校演講，討論「文化產業的價值」。（攝影王身敦）

實際上，北京是第二次申奧才獲得成功，拿到了 2008 年奧運會的主辦權。此前的第一次申奧，早在 1991 年，北京向國際奧會申請承辦 2000 年奧運會。但是在 1993 年揭曉申奧結果的時候，北京以兩票之差敗給澳大利亞悉尼。劉香成知道，北京第一次申奧失敗，或多或少影響到了中國公眾和北京相關領導幹部們的熱情，很多人對第二次申奧是有各種顧慮的。北京有關領導曾經邀請默多克共進早餐，提出能否請默多克引薦一家優秀的國際公共關係機構，幫助北京申辦 2008 年奧運會。這次早餐會之後過了兩週，默多克同劉香成通電話，商量推薦英國首相柴契爾夫人的競選經理蒂莫西・貝爾勳爵（Lord Timothy Bell）給北京。貝爾勳爵的公關公司名叫波廷格公關（Pottinger Public Relations Company），這家公司在英聯邦的五十多個成員國擁有廣泛的影響力。北京方面同意了這個建議，在後來的合作中，波廷格公關幫助北京做了許多工作，包括改寫申奧的相關檔，在歐洲和美國召開多次北京申奧的重要會議等等。在西方現代政治和公共事務決策體系中，「游説」是很重要的工作方式。而北京申奧成功，也是東西方文化交融合作的成功。

劉香成對身旁的凱倫・史密斯（Karen Smith）女士説：「想想看，等到 2008 年奧運會召開，全世界的目光注視北京，人們知不知道對於中國這樣一個國家，奧運會意味着甚麼？外國遊客能否明白，新中國至今走過的曲折路程？」

凱倫・史密斯是英國人，一位在中國生活了多年的當代藝術評論家，她建議劉香成，可以着手為 2008 年做點兒甚麼。

於是有了 2008 年出版的《中國：一個國家的肖像》，這本厚重的影集在北京奧運會開幕之前，以英文、法文、德文、西班牙文、義大利文、葡萄牙文六種文字在全球同步發行。劉香成開始以攝影家和歷史研究者的視角，來編選最有助於向全世界介紹「中國是怎樣一個國家」的圖片。

籌備這本影集的幾年時間裏，劉香成和凱倫篩選出八十八位攝影師的上千幅作品，這些圖片完整展現了從 1949 年到 2008 年，從滿眼黑灰到色彩斑斕，從古舊衰敗到富強繁榮，從拘謹保守到熱情奔放，中國所發生的不可思議的變化。為了完成這本書，劉香成取得了國務院新聞辦的支持，他拿着一封蓋了大紅章的介紹信，奔波在中國許多城市，聯絡攝影師，收集歷史資料。「我知道很多外國人對中國的印象還停留在上個世紀中葉，當他們 2008 年來到北京，會無比震驚，這個國家到底在六十年時間裏發生了甚麼？」劉香成說，「我認為他們是不知道的，而這本書能夠回答這個問題。」中國和西方國家相比，對於使用和理解攝影的出發點，有着很大差異。中國攝影師往往追求宏觀、美好的意象，而西方攝影師則強調真實情感，用細節來表述宏觀的大事件。

到 2010 年，上海世博會開幕，劉香成和凱倫・史密斯又合作編出了一本幫助全世界理解「上海是怎樣一個城市」的影集——《上海：1842-2010，一座偉大城市的肖像》。在上海世博會籌備期間，劉香成接受了上海官方的委託，為世博會的上海企業聯合館「魔方」策劃展覽。這座展館的建築設計師埃德溫・施羅斯伯格（Edwin Schlossberg）是美國前總統約翰・甘迺迪（John F. Kennedy）的女婿，劉香成和埃德溫合作發起了一項徵集有關上海的攝影圖片的活動。

「我知道只做徵集活動，遠遠不夠介紹上海，就去上海檔案館查詢。1949 年法國總領館曾經把他們收藏的很多關於上海的資料贈送給了上海檔案館。」劉香成說，但這還不夠。上海自鴉片戰爭後開埠通商，1845 年英國人首先在上海設立了租界。劉香成找到英資怡和洋行中國首席代表韋藹德（Adam Williams），在怡和洋行的倫敦總部查檔案。韋藹德不僅是個外資企業裏的「中國通」，還是個成功的小説家，他的家族已經四代生活在中國。1832 年兩個英國人威廉·渣甸（William Jardine）和詹姆斯·馬地臣（James Matheson）在廣州創辦了怡和洋行，1843 年又成立了上海怡和洋行，主要從事鴉片和茶葉的貿易。在倫敦，怡和洋行收藏的大量檔案照片展現在劉香成眼前，他很吃驚地發現了一張古老的銅版畫長卷，畫上的場景就是 1842 年 8 月 29 日，英國軍艦康華麗號上，清朝欽差大臣耆英同英國代表璞鼎查（Henry Pottinger）簽訂了《南京條約》，這被認為是中國近代史「喪權辱國」的開端。「中國人總是説百年恥辱，有多少人親眼看到過百年恥辱是從哪裏開始的？」劉香成説，「現在這張圖片就是你能看到的歷史。」

搜集了大量關於上海的歷史圖片，劉香成又請了幾位優秀的攝影師，到上海各處拍攝當今的國際化大都市景象，最終完成了這本書，和在上海世博會「魔方」裏舉辦的「昇華夢想，上海肖像」大型展覽。

「我覺得做事情很重要的一點是，選擇在甚麼時間做。」劉香成説，「從媒體的出發點，如果沒有對事件時間巧合點的思考，事情就很難引起編輯的高度關注，結果往往是選題得不到重視，事倍功半。」在北京奧運和上海世博之後，緊接着到來的 2011 年，是辛亥革命一百週年的紀念。換句話説，辛亥革命是清朝被顛覆、中華民國誕生，中國土地上各方勢力連綿不斷混戰的起始點，也是此前東方帝國的統治者們閉關鎖國，終於招致列強入侵的必然結果。劉香成同北京歌華集團的總經理王建琪聊起這段歷史，王建琪很有興趣，問：

1997 年，一位每天步行二十公里上學，居住在貴州六盤水，中國最窮地方之一的小學生，接受劉香成拍攝。（攝影劉香成）

聚光燈下的上海：展望 2010 年世博會。（攝影劉香成）

1997 年，香港演員周潤發接受拍攝。（攝影劉香成）

2012 年，中國導演馮小剛向藝術家曾梵志請教繪畫。（攝影劉香成）

2008 年，北京地安門一戶釘子戶拒絕為北京奧運基礎設施建設遷移。（攝影劉香成）

語言學家周有光先生在劉香成鏡頭前寫上自己的名字。（攝影劉香成）

2011 年，善用火藥創作的媒介藝術家蔡國強在劉香成鏡頭前點燃一支火柴。
（攝影劉香成）

演員導演姜文和周韻顯示我拍攝他們兩夫婦的作品（攝影蕭大忠）

2020 年，演員楊采鈺在劉香成鏡頭前擺造型。（攝影劉香成）

「劉老師你能替我們做些甚麼呢？」

劉香成説：「這一百年裏中國人吃了很多虧，我想現在應該用圖書和展覽的方式，讓大家看到事實的細節。」

歌華集團支持劉香成啟動了這個新的影像編輯專案。劉香成首先找到了兩位不同身份和視角的歷史學家——中國社科院近代史研究所前所長張海鵬、台灣「中央研究院」近代史研究所所長黃克武，兩位教授都答應寫篇文章來分析辛亥革命的歷史意義。「我想還應該知道，外國人怎麼看辛亥革命。」劉香成又找到了加州大學聖地牙哥分校教授周錫瑞（Joseph W. Esherick），後者曾經師從於費正清和列文森，是當今美國研究中國近代史最有名的學者之一。有了這三位教授的學術支持，劉香成開始滿世界搜集相關圖片。他分別在華盛頓和倫敦請了兩位攝影師去搜尋各大學和博物館裏收藏的圖片資料，還自己跑去日本東京，找到了孫中山當年在日本時寄居過的那戶人家。「這家的女主人，她父親當年收容了孫中山，所以有很多照片。」劉香成説，「其中有一張是孫中山站在樓梯上，旁邊有幾個日本藝伎圍着他。」由於這家人擔心照片造成公眾誤會，婉拒了劉香成想要發表這張照片的請求。

劉香成還跑去澳洲，尋找莫理循家族遺留的圖片資料。喬治．厄內斯特．莫理循（George Ernest Morrison）是澳大利亞出生的蘇格蘭人，他在 1897 年到 1912 年擔任《泰晤士報》駐華首席記者，是當時向西方世界報道中國情況的權威專家。老莫理循當時住在北京王府井，擔任過袁世凱的政治顧問，王府井大街還曾經以他的名字命名為「莫理循大街」。老莫理循 1920 年去世，他的兩萬多冊藏書賣給了日本三菱財團的第三代社長岩崎久彌，而他包含數千張圖片的檔案資料則捐給了澳大利亞新南威爾士州圖書館。到了上世紀三十年代，老莫理循的兒媳婦、德國女攝影家赫達・莫理循（Hedda Morrison）也在中國生活了十幾年，拍攝了大量照片。赫達・莫理循 1991 年在澳洲去世，她在中國拍攝的一萬多張照片捐給了哈佛大學。劉香成在莫理循家族留下的資料中還發現了一些歷史線索，順藤摸瓜找到澳大利亞國家圖書館裏收藏的，關於八國聯軍和義和團的兩組珍貴圖片。在義大利、英國、德國……凡是出現與中國這段歷史有關的線索，劉香成都千方百計找到原始資料，「百年恥辱」的歷史細節，在海量圖片裏漸漸浮現。

2011 年 10 月，《壹玖壹壹：從鴉片戰爭到軍閥混戰的百年影像史》出版。這本書的封面上是參加辛亥年起義的一個新軍軍官，他穿着軍裝，提着一柄長劍。細看的話，此人軍裝衣領的鈕子不見了，改用一枚別針別住。

「從這個小小的細節我們就能看到，新軍的財政狀況恐怕不妙。」這張照片是劉香成從義大利米蘭一位天主教神父的收藏裏找到的，其間周折無數。「我給神父寫了好多封信沒有反應，我又給他打了三四次電話。北京跟義大利有六個小時的時差，我每次打電話過去都吵醒這位神父的午睡。」劉香成說，「打了幾次電話以後他終於屈服了，說好的我們簽個合同，這張圖片就給你。」

《壹玖壹壹》畫冊出版後，北京歌華集團以這些圖片為素材，策劃了紀念辛亥革命百年的大型展覽，在國內十幾個城市巡展。

連續編著完成了《中國：一個國家的肖像》、《上海》、《壹玖壹壹》三本大型畫冊，劉香成對圖片資料的保存和研究有頗多感觸。在國外的圖書館和博物館裏，工作人員戴着白手套，小心地捧出玻璃盒中保存的古老相冊給劉香成觀看。而中國的很多歷史圖片，要麼散落在世界各地，要麼在過去頻繁的政治運動和社會遷徙中徹底損毀。劉香成想起小時候，外公家裏保存着為慈禧太后修建頤和園的賬本，結果也在「文革」時一把火燒個乾淨。「不能用百年恥辱四個字，就籠統概括了這一百年的歷史，世界不是這樣的。」劉香成説，「我跟中國人講最多的是，談問題你要拿出證據。你的五千年歷史，你的大國軟實力，不是口頭上講的。你應該有實實在在的東西，人家才能理解你。軟實力最終的表現，是你説話能贏得對方的尊重和敬佩。」

而面對西方人，劉香成經常説的是「中國不是這樣的」。「如果西方人不知道在毛澤東時代，中國人奉行的集體主義和階級鬥爭思想，不知道中國人經受過怎樣的苦難，」劉香成説，「那麼他們也無法理解，為甚麼今天的中國人會非常急於表達自己的個性、財富和驕傲，不明白今天中國擁有的一切，是多麼來之不易。」

2004 年 6 月，新聞集團進行業務調整，劉香成不再擔任中國區常務副總裁，轉任集團高級顧問，他在 2007 年離開了新聞集團。「但我的工作一直沒有停下來。」劉香成説，他還替默多克和鄧文迪在北京北池子一帶找到並買下了一座優美的四合院。常有人問他離開媒體了是否還拍照片，其實在編輯圖書之餘，他也在繼續着人物攝影工作。進入二十一世紀的中國，劉香成的鏡頭更多對準的是那些勇敢打破社會界限的藝術家、企業家，各個行業的意見領袖：陳丹青、張曉剛、曾梵志、蔡國強、潘石屹、郭敬明、韓寒……劉香成有時拿起相機拍下這些人的高光時刻，有時則不拿相機，用眼睛來觀察他們，就像基恩·米利教他的「讀圖」，他在閱讀他們身上帶有的獨特時代資訊。

中國人習慣把 1978 年的十一屆三中全會，視為告別毛澤東時代的標誌，而如今距離 1978 年又過去了四十多年。「一個西方人活四百年，才能經歷這樣天壤之別的時代，一個中國人只需四十年就經歷了。」中國作家余華在他的小説《兄弟》裏這樣寫道。劉香成覺得，自己這四十年來做過的事情，無論是作為美聯社攝影記者，在中國、美國、印度、韓國、蘇聯出現在新聞事件發生的現場；還是作為時代華納和新聞集團高管，在傳媒、企業、政府之間穿針引線；抑或是作為獨立攝影家，用藝術的方式記錄時代，本質都是在做同一件事。「我不斷地向西方介紹中國，也向中國解釋西方。」劉香成説，「人家問我，劉香成你發夢的時候，用英文還是中文？」他哈哈大笑，説自己也搞不清楚。

中國在高度全球化的進程中，應當怎樣發揮其巨大的能量？劉香成有時會想，儘管已經成為世界第二大經濟體，但中國對外「講故事」的能力，還是有待提升。長期在中國生活，劉香成注意到，每次中央開完黨代表全會之後，都要派出「中央宣講團」奔赴全國各地，向各地的黨組織介紹和解釋黨的會議精神以及公報內容。「在這個傳播媒介空前發達的時代，如果中國人都有時候讀不懂黨大會的公報，那麼世界能了解中國嗎？」劉香成不理解，這種「把外宣和內宣等同」的溝通方式，是否體現了中國文化的特有內涵？無論如何，國際社會要真正理解中國，仍然任重道遠。

2014 年，上海徐匯區舉辦一次建築設計雙年展，在 2010 年上海世博會使用過的地塊上建造了一批新的建築，意圖將黃浦江西岸變成一條文化藝術的城市走廊。一些藝術機構陸續入駐，徐匯區政府邀請劉香成來使用其中一幢形似六朵花的房子，做一個具有國際水準的攝影中心。「我想起七十年代在紐約，正是那些非凡的藝術中心啟發了我，才有了之後這幾十年的職業生涯。」劉香成說，「我認為好的攝影作品是可以令人開闊視野，啟迪心智。這個挑戰我願意接受。」他把家從北京搬到上海，成為上海攝影藝術中心的創始人，繼續用攝影作為工具，溝通東方與西方的文化。香港出生的劉香成，其實一直都在用他的許多不同的具體工作方式，講述着關於「中國人與世界」的故事。偶爾真的發夢，他想起上世紀六十年代的香港，那個趴在報館裏學習英文的少年。父親劉季伯把一摞美聯社的電訊稿拍給他：「想知道世界是甚麼樣子，答案在這裏面。」

對話劉香成　攝影師的「同理心」

武雲溥：作為上海攝影藝術中心的創始人，您現在看到全世界許多攝影師的作品，會重點關注甚麼問題？

劉香成：我會看圖片中表現出來的攝影師和被拍攝的人之間的關係。那種距離感的遠或近，其實在畫面上是表現得很清楚的。我自己在拍照的時候，其實也會有獵奇的心理，這方面我相信所有人都是一樣的。在你鏡頭前面的，有時是個美國人，有時是個中國人，有時是個日本人，有時是個俄國人，大家互相都會觀察對方。被拍攝的人在鏡頭前面，對你是充滿戒備，還是比較放鬆的狀態，他的肢體語言就會告訴你。這個問題我跟很多人聊過，但是特別奧妙，有時是極難溝通的。我經常説，1976 年毛主席去世，我回到廣州，看那些追悼毛主席的中國人。你只有觀察過他們一段時間，對毛主席去世這件事情的影響有所了解，你才知道應該去拍這些人的甚麼樣子。同樣的道理，被你拍攝的人會盯着你看，他的眼神你怎麼去解讀？如果被拍攝的人眼睛裏是那種莫名其妙的感覺，我會覺得這個距離就很遠了，這樣的照片是我不想要的。還有當你拍攝完畢，可能得到了一百張或是兩百張照片，在這些照片裏你選一張的話，一定要選的是你覺得比較「認識」這個人的那張。

武雲溥：這説明了攝影師和被拍攝對象之間應該有一種默契存在。但有時很難實現，比如在一些有人圍觀或者跟隨的狀態下，攝影師會受到限制，被拍攝的人也感覺不自在。

劉香成：我也被「跟」，我在各個國家拍照片，經常有人跟着我，還有些場面是不允許拍攝的，這種情況很常見。所以問題在於，當你想要拍攝一張照片的時候，是有很多狀況可能導致你的拍攝失敗，拍出來的照片不是你想要的。但是當你做一本攝影集，或者一次展覽，你可能從一萬張照片裏挑選出來一百張，這種時候就會體現出來，攝影師跟這個國家，或者拍攝的這個主題，到底有沒有關係？因為這一百張照片，可能體現的是你過去幾年時間，而不是幾個禮拜或幾天時間，對一個地方、一群人的熟悉程度。比如我看弗蘭克（Robert Frank）的《美國人》，他是一生裏面幾十年來來回回去關注美國。攝影就好像男女關係一樣，你跟你拍攝的主題，是只有一夜情，還是一生的長久的愛？這個結果一定是不同的，比如我不覺得你可以只用十張照片來描述中國。跟外國人講，中國人的生活是高度政治化的，外國人一定問「甚麼叫政治化」，那你可以看到，打倒四人幫，到處都是標語口號，這個叫作搞運動。還有很多不是搞很大的運動，是普通人的生活，一樣充滿了政治符號。這些都是政治化的表現，是需要長久地發現和記錄的。

武雲溥：當你拍攝一些著名的政治人物，比如中國的很多國家領導人，是怎樣信任你這個外國攝影師的？

劉香成：中國領導人很有意思，他們知道這個是美聯社的劉香成，在各種場合我們見過很多次了，臉熟，所以他們比較放鬆，這是一個原因。另外，我發現他們在面對新華社攝影師的時候，反而不太注意姿態表情，因為説實話，他知道你新華社拍的照片如果沒拍好，你也發不出來，對不對？反而美聯社這種他知道控制不了，對我就會認真一點。在八十年代初的幾年時間裏我都是外國記者裏面唯一拿相機的，那時候我才二十幾歲，新華社那些五六十歲的老攝影師也會把最好的位置給我。領導人比如鄧小平，他出來的時候，那種擁有權力的自信，很明顯能看得出來。中國政治家也都遵從權力排序的規矩，鄧小平和其他人站在一起，這個畫面裏一眼就能看出來，誰是老大，誰是老二。我跟他們近距離拍攝時間長了，他們看到我也都很放心。從 1977 年到 1983 年，我都記不起來去過多少次人民大會堂和中南海，這種信任關係時間久了，會對新聞報道工作產生很多幫助。比如外交部的副外長這個級別的官員，會答應出席我組織的一個晚飯，吃飯的時候還會講美國銷售武器給台灣，我們內部認為這個事情如何如何，這在今天是不可想像的。我還有一張照片是萬里過來跟我們敬酒，這些領導人在國宴的場合是會專門走過來跟外國記者敬酒的，因為歸根結底是這群人在面對世界報道中國，領導人是很在乎的。1980 年還有一張照片，我在人民大會堂裏面一個角落拍到的，六個解放軍的大軍區司令在那裏坐着聊天，他們在等着美國國防部長來出席國宴。這時候我是拿着一個徠卡，把人民大會堂那個很厚重的布簾拉開進去拍攝他們。因為我很調皮嘛，我想看這些軍官在幹甚麼。外交部的人也不管我，裏面這六個司令也無所謂，我拍就拍了。

武雲溥：帝奇亞諾・坦尚尼（Tiziano Terzani）評論你的作品說：「對劉香成，中國不只是一個值得發現的真相，更是一種尚待闡明的愛。」你剛才也說到攝影好像男女關係一樣，那麼你覺得攝影師必須要飽含感情地去拍照嗎？換句話說，是不是存在一種絕對冷靜的，旁觀者的視角？

劉香成：我覺得攝影的根本在於攝影師對問題的理解，而不是有些人講，你報道中國的時候是友好還是不友好，不是這種判斷。英文裏面有個詞叫「empathy」，中文總是翻譯不準，有的說是「同情」，其實不是。

武雲溥：「empathy」現在有些翻譯為「同理心」，我想是比較接近了。

劉香成：對，一個人有苦有痛，有酸有甜，攝影師有沒有這種人文關懷精神，我覺得很重要。對於西方來説，中國太大，太不一樣了。攝影師去到西藏，如果是美國《國家地理》的攝影師，他會覺得這個畫面很美。但是你看莊學本拍攝的藏人，我覺得他是「距離」最小的。他也會拍藏人的衣服、珠寶飾品等等，但是他的圖片裏面，心態是很平的，就是有「empathy」的。這個東西不是你説想有就能有的，裝不出來，比如我對俄國人的理解，就不如對中國人這麼深刻。這是一定的，因為我俄語不行，跟俄國人就會有隔膜。但即使有距離感，俄羅斯和印度我也要努力去拍，從國際新聞的角度來講這是非常重要的兩個國家。我不是待四五個禮拜，而是四五年時間。雖然生活中我不是一個有耐心的人，但對待工作，我有足夠的耐心和興趣。

武雲溥：這種距離感也許會影響你對拍攝對象的選擇，比如都是拍攝平民百姓，你在中國和在蘇聯拍出來的是不一樣的。而且是不是你跟這些人的關係，你在拍攝過程中的收穫，也有很多差別？

劉香成：這個問題很好，我在中國拍過的人，很多都變成我的朋友，之後保持着長久的聯絡和友誼。但在蘇聯，我拍攝的是一種社會現象。比如我曾經跟着一家猶太人，從莫斯科移民到以色列，在特拉維夫城裏面有很多俄羅斯移民過去的猶太人。這種拍攝會持續幾個月，幫助我了解猶太人的生活狀況，所以相機是去認識人的一個很好的工具。但這個故事是沒有選擇的，蘇聯解體，十五個加盟共和國獨立，大量的人口遷移，這都是我作為美聯社記者必須去拍的題材。中國的區別在於，八十年代的改革開放，並不是突發的事件，「摸着石頭過河」是個長期的過程。1979 年我拍攝京劇演員趙燕俠，她就是説自己搞一個京劇團，不要鐵飯碗了，這就是改革內涵的一種表現——過去這些演員都是國家的人，現在他們要出來單幹了。在中國工作，我會有一種感覺就是，從普通人生活的細節裏面，尋找對社會更大問題的認知。攝影師的知識結構如果有缺陷，你觀察事物的角度就會受到影響。比如中國很多攝影師一天到晚生氣，說瑪格南不選中國人的照片，其實它不選你是有道理的。中國選出去的圖片都是大廣角，沒有人性，或者人性不是很多，就是你拍的東西很「硬」。要知道對於攝影來說，「硬」很容易，反而「柔」是很難的。還是「empathy」的問題，比如 1998 年的長江水災，到 2008 年汶川地震，我看到很多照片，那些巨大而震撼的畫面是拍到了，可是你有沒有一種感覺，就是這些圖片裏面，人性的東西不多？一些攝影師的慣性思維，是去拍解放軍扛沙包，他的觀點是國家怎麼去幫助這些受災的人民，而不習慣去報道受害者。

武雲溥：這種人文關懷的精神，是不是跟你早年在美國受的教育有關係？

劉香成：是有，價值觀影響了人與人之間如何相處。你知道我很煩人家說，劉老師你拍的是新聞攝影，或者紀實攝影，或者這樣那樣的攝影，我很煩被貼標籤。你看我的作品裏面是新聞嗎？其實不是新聞圖片，你怎麼樣把新聞現場拍出來的照片，讓它離開新聞，仍然有存在的價值？這就是人文精神。七十年代在紐約的國際攝影中心（ICP）我看了很多好作品，當時我很驚訝，原來圖片可以這樣去表達思想。然後再經過《生活》雜誌的洗禮，那些攝影師代表了全美國也是整個西方世界最好的攝影理念，這些對我的影響是深遠的。我現在做上海攝影藝術中心，也經常跟別人說，有悟性的人看到一些好的圖片會受到啟發，而你如果做老師去教學生一些教條，這是很難理解的。中國人有個特質我很喜歡的，就是務實，但是務實有時候也會產生問題。比如我看到很多中國攝影師喜歡談論今年荷賽得獎的是甚麼圖片，然後他們也拍這樣的圖片，就是非常明確要去拿獎的，你反而不容易拿到。因為「empathy」是來自你個人內心深處的東西，不是外面教給你的那種。我的朋友裏面，搞攝影的很少，搞文字的很多，我想了解他們如何思考問題，而看到相機我就感覺很累。看到朋友拿着相機談論要拍甚麼東西，我更不要聽，我對此的興趣是零。很多人認為，拿相機的人就是拍照片，而對於拿相機的人也可以給你一個很有意義的談話這件事沒有心理準備。而我的經歷是，由於我對中國的政治和社會問題早有思考，因此當美聯社總裁找我吃飯時，他會很願意聽我講這些問題，所以我才能夠成為美聯社駐中國的正式的攝影記者。如果我只是一個拍照片的，那這個機會一定不屬於我。

武雲溥：你在中國的工作成績非常好，當 1990 年美聯社派你去蘇聯的時候，壓力大嗎？

劉香成：美聯社是美國乃至世界最大的通訊社，而從戰略上看，蘇聯是當時美國本土之外最重要的國家，把我派到莫斯科，意味着一副很重的擔子交給我了，當然壓力很大。美聯社派駐海外的記者，並不會有明確的規定，説你每天應該做甚麼，要完成哪些工作，這都是不需要説的，美聯社給記者很高的自由度，也對你充分信任。就像當年選我去中國一樣，美聯社三千個記者，有幾個人可以跟社長在洛克菲勒大廈坐下來慢慢吃飯，他聽你對一個國家的看法，也問你一大堆問題，而這些問題並不是通常會問一個攝影記者的。所以八十年代末也是社長説，現在莫斯科比較亂，我們應該派劉香成去。而我記憶最深刻的是，得到 1992 年普利策獎那天晚上，電話來的時候，我心裏頭這個大石頭終於落地。我想我總算給美聯社一個很好的交代，我沒有浪費在莫斯科的這個機會，這讓我非常激動，倒不是説普利策獎有多重要。我之前從來沒跟人説過這種感受，你知道在冷戰的後期，美聯社把我派到蘇聯，對於新聞工作者這是一份風口浪尖上的工作。這壓力天天有，為甚麼呢？每過八個小時你看到一次工作數據的統計，你的圖片在全世界媒體的採用率，每八個小時刺激一下你的神經，我們叫做 Play Report，就是西方新聞機構之間的比賽，誰輸誰贏大家都特別清楚。

武雲溥：你在拍戈爾巴喬夫宣佈蘇聯解體的講話時，心裏在想甚麼？

劉香成：那一次是冒着巨大的風險，我真的很緊張。尤其是我決定用 1/30 秒這個快門，是我一生最大的賭博。因為這張照片只有一次拍攝機會，失敗了的話永遠無法補救了，而不管是多优秀的攝影師，哪怕是布列松在這種情況下，也不敢説百分之百可以成功。我是唯一在場的攝影記者，如果回來交白卷的話這很可怕。而我想要的是演講稿手稿下落的動感，人是實的，而那幾張紙是虛的，這個一旦搞不好就全虛了。我很緊張，但我又稍微有一點點信心，是因為我平時練過。練習照相的時候我會跟自己較勁，我拍過無數的 1/4 秒和 1/8 秒的照片，我知道我其實手挺穩的。1/30 秒沒拍過，但是我想可以試試。我對自己説：上！

武雲溥：所幸最後成功了。

劉香成：是的，我一定要那個稿紙在動，要最後一頁唸完的時候，太早太晚這都是一張很普通的新聞發佈會的照片，只有那個稿紙扔下來，這才象徵着歷史的結束。

武雲溥：你沒有考慮過其他的選擇？

劉香成：沒有別的選擇，我只拍了這一張，跟着克格勃的拳頭就過來了。

武雲溥：那天 CNN 總裁本來是找你拍他對戈爾巴喬夫的專訪，結果你拍完戈爾巴喬夫的演講就走了。

劉香成：我已經拍到獨家了，當然不走白不走。湯姆．詹森（Tom Johnson）也沒怪我。多年以後我們又見面，是 2000 年，聯合國五個常任理事國的首腦在紐約開會，過千禧年的時候。因為 1999 年我們剛做完《財富》全球論壇，2000 年這次江澤民主席又去紐約，日程裏面有一頓早餐是在華爾道夫酒店，江主席要跟美國的媒體巨頭們見個面。李肇星當時是中國駐美大使，我就提前跟他說，你可不可以讓默多克先生坐在江澤民的右邊？李肇星同意。所以那頓早餐坐下來就是中方人員都在江澤民的左手邊，有錢其琛和唐家璇他們；而默多克在江澤民的右手邊，之後是迪士尼、時代華納、CNN 這些媒體老闆們。早餐吃完出來時候，湯姆．詹森就手指着我，跟默多克說，這個人你要好好養起來。他還跟另外幾個老闆說，劉香成去了新聞集團，默多克就坐到江澤民右邊了。

武雲溥：你說過你是最後一代幸運的記者，這個怎麼理解？

劉香成：今天無論美聯社還是《時代》週刊，或者世界其他媒體，都不會允許一個記者住在一個國家四五年時間，又沒有明確的任務，就讓你去了解這個國家，等着你拿出作品，這個時代已經過去了。而我是美聯社唯一在五個國家工作過的記者，這是一個方面，就是說機會的難得。而另一個重要的問題是，

2000 年，聯合國安理會第一次開會，劉香成安排美聯社攝影師拍攝五國安理會國家首腦。

作為攝影記者，你是否真正擁有一個故事？比方說越南戰爭，你能記得幾張圖片？恐怕不過兩張，一張是燃燒的那個小女孩（《戰火中的女孩》，攝影師 Nick Ut），一張是警員拿槍（《槍殺越共分子》，攝影師 Eddie Adams），這兩個都是美聯社記者的作品。而到了二十一世紀，海灣戰爭的時候，你能記得幾張照片？現在可能一張都想不起來，對不對？傳播載體已經變化了，過去大家看照片，這個故事就屬於抓到這一瞬間的攝影師。今天全世界任何重大的新聞現場，都有無數台攝像機，還有無數人拿着手機拍，紙媒已經被電視打下去了。無論從技術上還是說「是否在場」這個角度，專業的攝影記者與普通的目擊者之間，已經沒有太明顯的分別。現在全世界每年誕生數以億萬計的圖片，這種情況之下，攝影師要「擁有一個故事」，讓人家想到這件事就同時想到你的作品，是難之又難的事情。

武雲溥：在人人都可以輕易拍攝照片的時代，攝影的價值在哪裏？

劉香成：這個時代已經不存在技術的門檻，但講好一個故事的挑戰依然存在。回想一下，羅伯特·卡帕（Robert Capa）拍的那組《諾曼第登陸》，裏面最著名的那張照片是虛的，但好就好在它虛了，對不對？你如果拍一張清晰的照片，怎麼形容這些戰士冒着子彈在往前衝？今天在當代藝術的範疇裏，雖然也有把視頻作為藝術品的，但視頻跟攝影圖片的力量還是兩回事，就像攝影和電影也是兩回事一樣。今天有很多電視和電影，但好的攝影圖片仍然值得看。我有時候會想，攝影是一個聯結時代的紐帶。從時空的意義上說，1978 年的北京已經不存在了，可是你看到照片，1978 年發生的事情，對今天的中國人依然有很深遠的影響。有圖片的記錄，你才能對過去的某個時代有清楚的認識。今天你如果講「五四運動」，很遺憾，並沒有多少圖片留下來，只有一些文字描述。

武雲溥：作為世界級通訊社的攝影記者，你有很多機會去到全世界各種地方，為甚麼你會對動盪的地區如此着迷？比如你的很多美聯社同事就不太理解，在洛杉磯好好的，為甚麼要去印度？

劉香成：我比較敏感，我跟你講過小時候因為我的出身不好，不能夠戴紅領巾，這雖然是童年的小事情，可是對我的心理產生了很深的影響。福建那個小學裏面，我的同學都是軍隊子弟，小孩子都互相説自己老爺子是軍長還是師長，而我就是班上那個地主家的孩子。後來我去美國念書，然後又回到中國工作，美國人説你為甚麼要回去中國大陸？如果心理學家看這個問題一定會説，因為你在那裏受過傷害。工作中，我有湖南人的倔勁兒，我想在北京工作的成績，由於我是華人而打了折扣，事實上美聯社認為我是值得培養的人才，也給我創造機會。那麼我就想要證明自己，我願意為了印度而放棄南加州的陽光，因為留在南加州是很舒服，我可能一生平凡就度過去了。另外，我天性裏喜歡「大」的故事，這個「大」不是説場面宏大，而是內在的意義要夠大。你單純記錄一個事件本身，沒有甚麼太大的意思，應該思考的是為甚麼這個事件會發生？這個社會出現了甚麼問題？我去印度的時候甘地夫人（英迪拉·甘地，Indira Gandhi）已經遇刺，為甚麼有人要殺死印度總理？你調查就會發現，這個國家的民族和宗教矛盾，是在社會的方方面面都廣泛存在的。在中國也是同樣的道理，我作為美聯社記者，為甚麼要去山西的煤礦裏拍一個童工？我希望畫面能夠傳達更多的資訊，讓大家去思考背後的問題。

武雲溥：但攝影本身某種時候是曖昧的、多義的，大家會從一張照片裏讀出許多不同的內涵。你遇到誤解的時候多嗎？

劉香成：這個很絕，我發現中國由於教育很沉重，經常有些人問的問題，我都不知道他想要知道甚麼，他要先給你扣一個帽子才能談話，比如説你是藝術攝影還是紀實攝影等等。我不知道這樣的教育模式，怎麼樣才能打開人的視野。所以我跟中國人講，要多看全世界最好的攝影作品，你既要看到森林，也要看到森林裏面的每一棵樹。反過來我在美國講中國的事情，美國人也不理解。他們看到童工的照片一定問你，這些年輕的礦工的人權在哪裏？你很難解釋説，這個世界四分之一的人口剛剛從極度貧困的時代走出來，他們只想吃飽肚子。而在美國人看來，人權和自由是最重要的，這個理念差異怎麼去溝通呢？東方和西方的語境不同，而我總是夾在東西方之間。

武雲溥：新加坡國立大學東亞所的郭良平先生在《聯合早報》發文評論説，「美國的困境不一定就是中國的機會。中國崛起的一個最大障礙，是得不到主流國家的認同……中國崛起的一個最大挑戰，是梳理和協調同主流價值觀的關係，而不是一味與之對抗。」您如何看待這種東西方價值觀的長期碰撞？

劉香成：關於東西方價值觀的碰撞問題，我想應該回到兩種文化的深層心理因素，也就是宗教信仰的差異，所產生的對人和世界關係的認識問題上。我在西方主流媒體正式的職業經驗，是從大學畢業之後，為《時代》週刊拍照片開始。《時代》的創辦人亨利·盧斯先生出身於一個傳教士家庭，他本人也是出生在中國山東。上個世紀初，也就是中國的清朝末年，實際上有很多西方國家的傳教士來到中國活動，他們發現這裏是一個「異教徒」的國家，有那麼廣闊的土地和巨大的人口數量。可是經過了很多年的努力，西方傳教士並沒有說服眾多的中國人信奉上帝，大多數傳教士的工作成績可以說乏善可陳。這裏我要再提到一位在西方世界講述中國故事並且產生廣泛影響力的女作家賽珍珠（Pearl S. Buck），她憑藉一系列描述中國農民生活的小說例如《大地》三部曲，獲得過普利策獎和諾貝爾文學獎。有意思的是，賽珍珠也是生在傳教士家庭，她的父親賽兆祥（Absalom Sydenstricker）和母親卡羅琳（Caroline Stulting Sydenstricker）在中國生活了半個世紀之久，他們傳教的足跡遍及宿遷、徐州、淮安、鎮江、南京等地。但是在賽珍珠為父親寫的傳記《戰鬥的天使》裏面，我們卻看到，中國樸素的老百姓認為「所有的宗教都是好的，所有的神也都是好的」。而賽珍珠的父親告訴他們：「並不是所有的神都是好的，比如那些用泥巴和石頭做的神。」傳教士難以說服中國人相信，上帝是唯一的神。賽珍珠的第一任丈夫約翰·洛辛·布克（John Lossing Buck）也是以「農業傳教士」的身份來到中國的，1917 年賽珍珠與布克先生結婚後，兩個人到安徽宿州這個小鎮上生活。布克先生一面向中國的農民傳授農業知識，一面也向人們傳教。根據英國傳記作家希拉蕊·斯波林（Hilary Spurling）所著的《賽珍珠在中國》一書，布克先生當年經常佇立在田間地頭，向中國農民宣講福音。然而一直到 1921 年賽珍珠夫婦離開宿州去往南京，布克先生發展的教徒也不過寥寥數人。按照賽珍珠的說法，傳教士在中國的工作沒有成功，是因為他們搞錯了最重要的事情——他們向飢寒交迫、無家可歸的中國窮苦百姓傳播上帝的福音，可是「當一個人餓着肚子時，他對於自己的靈魂問題就不太感興趣了」。

武雲溥：所以在您看來，東西方價值觀差異導致的溝通困難，其實與中國歷史上長期貧困動盪的社會環境有很大關係？

劉香成：部份原因是這樣。其實想想看，中國自古以來，並不缺乏與外部世界溝通的願望，和接受外來文化的包容度。而且中國古代有多個時期，論人口數量和經濟發展的實力，在全世界都是位於前列的，只是這種興盛和衰落的週期一直在循環。中國的皇帝歷來相信風水和卜卦，當時西方人來到中國幫助皇帝觀察天象，這些西方的自然科學，中國人也是接受的。西元十五世紀，明朝的皇帝在北京城裏修建了觀星台，並安裝了觀測星象的天文儀器。西元十七世紀，清朝皇帝把觀星台改名觀象台，並接受湯若望的建議，按照歐洲天文學的方法計算曆書。湯若望（Johann Adam Schall von Bell）是繼利瑪竇之後來到中國的最有名的傳教士，明朝的崇禎皇帝和清朝的順治皇帝都對他禮敬有加。後來康熙皇帝重用的南懷仁（Ferdinand Verbiest）和紀理安（Kilianus Stumpf），也都是外國傳教士。一直到今天，中國的家庭都在拚命把小孩子送到西方國家接受教育，東西方文化和科技的交流比以往任何時期都更加密切。但我想說的是，這裏存在一個巨大的誤解。很多西方人對中國現狀的批評，是建立在他們認為，中國能夠發展到今天，在經濟上崛起和繁榮，是吸收了很多西方國家的先進經驗；可是在精神層面，在價值觀的問題上，中國並沒有全盤跟隨西方的腳步。

武雲溥：所以你經常說「世界不是這樣的」。

劉香成：對，我讀到英國學者馬丁．雅克（Martin Jacques）的一本書，叫做《當中國統治世界》，他說到為甚麼中國和西方之間互相難以理解，其中一個重要的因素是，中國首先有個「國家」的概念。國家穩定的重要性，是高於其他任何問題的。在這個前提之下，有各種各樣的名義搞運動，以便統一人民的思想。而西方的自由民主理念，經歷幾百年形成，也是深入人心，很難動搖的。這就導致東方和西方的溝通努力，經常是無效的。比如中國人跑到曼哈頓的時代廣場，在那個 LED 大熒幕上一天到晚播放中國的消息，這個叫做「外宣」。中國人覺得我把宣傳做到了「美帝國主義的核心地帶」，是了不起的成就；而美國人收了這個 LED 大熒幕的錢，他不在乎你播放甚麼內容。美國人認為甚麼叫「軟實力」呢？是你來為我的東西埋單，比如 iPhone，比如好萊塢電影，都是美國人賣給全世界的商品。還比如美國的大學招收全世界的學生，包括中國的很多學生，你來上學首先是一個生意，同時也是讓你接受美國精神的一種方式。

武雲溥：那麼在面對世界各國的文化隔閡，你認為攝影師應該以怎樣的狀態進入工作？攝影能夠為東西方的溝通做些甚麼？

劉香成：攝影師應該平視鏡頭前的任何人，懷着深切的同理心，尊重每個人，而不是俯視或仰視。以中國為例，我從來沒有刻意去表現這個國家所謂貧困落後的「陰暗面」，我理解中國人在毛澤東離去之後的四十年裏，走過了一條怎樣艱難的復興之路，我也理解中國人內心深處懷有的夢想。1980 年我在雲南思茅拍攝了三個戴墨鏡的青年，他們身上穿着一模一樣的衣服。1982 年我拍攝了一對新婚夫婦，他們為了拍攝婚紗照，租用了影樓的西裝和婚紗，可是為了節約費用，新娘的婚紗只有上半身。我總是覺得無論中國人還是外國人，如果對新中國前面三十五年的歷史，不能很好地了解，那麼對於後面

雲南，西雙版納，思茅的三位戴墨鏡的年輕人。（攝影劉香成）

三十五年到現在的了解，也會產生偏差。這種偏差會導致你不明白如今的中國人普遍的焦慮。在這個深入了解的過程中，我希望中國人和外國人都能夠少交點學費，少走些彎路。今天無論中國人還是西方人，想要理解這個複雜的國家，都不要忘了，那些已經永遠成為歷史的圖片，曾經就是幾億人真實的生活方式。

武雲溥：在您一生經歷的敍述中，我可以經常感覺到一種「身份的焦慮」，或者可以説您對自己游走於東西方文化之間的這個角色，經常會遭遇到「身份認同感」的問題。從小時候由香港來到中國內地，到去美國完成學業，再到全世界很多國家和地區的工作，您怎麼定位自己的身份？

劉香成：這個其實有一些矛盾的地方，從面孔上人家一看，劉香成是東方人，亞洲人，或者説華人；可是從我接受的教育和思維方式上看，又是東西方混雜的。很多場合中對於我的描述都會提到，這是獲得普利策獎的一位華人——問題是，普利策獎表彰的是一個人在新聞領域取得的成就，跟他的面孔或國籍有甚麼關係呢？這其實表明，在全世界各國生活的華人，也許有着某種共同的「身份焦慮」：如果你取得成功，你的中國同胞會為你感到驕傲；而如果相反，你只是一個普通人，生活在西方國家，可能還會遭遇到不同程度的歧視。2020 年我們看到由於疫情的原因，加上中美關係出現了很多摩擦的狀況，在美國的華人就會遇到很多困難，這種「身份焦慮」可能就會演化成「身份危機」，這都是客觀存在的問題。你看全世界只有中國，政府系統裏面會有個部門叫做「僑辦」，就專門處理跟海外華人有關的問題。我小的時候從香港回內地探親，就總是跟着父母和當地僑辦的人打交道。現在我們講全球化，中國人遍佈世界各地，可是其他國家的人難道不是這樣嗎？美國人、英國人、俄國人都是到處跑，可是美國聯邦政府連「文化部」都沒有，美國文化不也是影響到全世界嗎？所以你說我的身份，我覺得這些年來，我一直在做的都是「翻譯」的工作——翻譯東西方兩種文化和價值觀的差異，把一方的真實想法，用另一方能夠聽懂的語言傳達過去，我一直在做這樣的工作。

武雲溥：是的，早年您作為攝影師，用鏡頭來做這種「翻譯」工作。後來做時代華納和新聞集團的高管，您又要去直接處理很多政府關係和公共事務，這仍然是在溝通不同的思想。攝影師和媒體管理者的工作和思維方式，是不是有很多差異？

劉香成：這是很有意思的問題，我覺得根本還是在於，如何去對外界講好「中國故事」，而要講故事就離不開媒體的力量。在美國，媒體是擁有三權分立之外的所謂「第四權力」，上世紀七十年代的「水門事件」之後，媒體的地位提升，和政治的權力相輔相成。媒體可以幫助政治家去達成目標，反過來也可以去制約政客的一些行為。舉個例子來講，我們知道江澤民主席接受過美國著名的主持人華萊士的面對面採訪，華萊士在 CBS（哥倫比亞廣播公司）做的新聞節目《60 分鐘》影響力很大，他採訪過很多國家的政要，提問題也非常犀利。那麼你知道江主席也被華萊士問到很多敏感的問題，這個對於中國共產黨宣傳部門的幹部是很大的考驗，怎麼去處理呢？這是 2000 年的時候，我們之前提到江澤民主席到紐約，跟美國的媒體老闆們有個早餐會，之後默多克先生就代表這些媒體巨頭發言。我之前有跟默多克先生提醒到這件事情，因為中國的宣傳部門也很緊張，他們知道美國的媒體不會放棄這種炒作話題的機會。但是默多克先生很聰明地就説，我們大家都看到華萊士的這個採訪，我覺得江主席的政治膽量堪稱偉大，因為就連我默多克都要躲着華萊士，我都不敢接受華萊士的採訪，而江主席就有這樣的胸懷，這很難得。大概意思就是這樣，默多克先生這樣説呢，在場的媒體就很開心，因為他用輕鬆幽默的方式，把這個棘手的涉及領導人政治形象的問題給淡化掉了。現在已經過去二十年了，回頭看你會發現，那真是中美兩國關係的一段親密時期，你中有我，我中有你，而媒體就起到了非常重要的「潤滑劑」作用。

武雲溥：是的，中國改革開放四十多年來，中國和美國的關係經歷過逐步發展升溫的過程，您用鏡頭記錄下了這個過程。但今天我們看到世界局勢又變得混亂和不確定，中美兩個國家的媒體上，出現了非常多的牢騷甚至相互攻擊。理性地去討論問題的解決方案，今天看來十分困難。從媒體人的角度來看，為甚麼會變成這樣呢？

劉香成：對，今天我們怎麼樣去講故事呢，情況變得非常複雜了。在中美關係緊張的大背景下，我能夠理解中國人的想法，你不給中國人面子是不行的。可是在西方媒體看來，中國經濟實力的上升，加上中國的「外宣」戰略對世界發出越來越強硬的聲音，他們就會把很多自己遇到的問題歸結到中國這裏。再加上中國的反制措施，西方媒體在中國的市場越來越少，進不來了，為甚麼還要尊重你呢？當然西方媒體對中國有很多以偏概全的結論，但是他們沒有去糾正這些的動力，對他有甚麼好處呢？作為商業媒體機構，這些跨國的傳媒集團是需要對投資者負責任的。所以我一直講要雙贏，要開放市場，大家才能互相有影響力，這一定是要對等，而不是隔絕。

武雲溥：回顧中國自 1978 年改革開放以來的崛起歷程，西方經濟學界普遍的一個觀點是，中國借助數量龐大且價格低廉的勞動力資源發展製造業和對外貿易，成為「世界工廠」，享受了長達數十年的「人口紅利」。在中國官方的許多主流描述中，對此也並不諱言，這當然講出了中國宏大敘事中一貫的「勞動人民艱苦奮鬥」的主旋律思維。不過在我們過去的對談中，您好像一直強調，西方人並不完全理解中國人對於改變命運的渴望，這種渴望的深層心理動機源自何處？

劉香成：我認為相比「人口紅利」，中國的崛起在精神層面還存在一個更加重要的「貧困紅利」。仍然要舉賽珍珠的例子，《大地》裏邊有一個細節，中國農民王龍接到傳教士的傳單，上面畫着十字架上的耶穌，可是他看不懂，反而感到恐懼，他不明白這個人是犯了甚麼罪，要被釘在十字架上。而他的女人把這張傳單用來納鞋底。你看，中國老百姓很多時候就是需要一雙走路的鞋，而不是要去理解耶穌的獻身精神。鄧小平也講「摸着石頭過河」，只要能走過去，只要能吃飽肚子，很多其他事情也並非不重要，只是可以稍後再提。而在西方的宗教觀念裏，因為傳教士實際上的角色是民眾和上帝之間的「傳話人」，你對着神父懺悔，神父會把你的話轉達給上帝。所以西方人對於個人權利和言論自由的重視，是超越其他一切事情的，他們是可以為捍衛自由去打仗的。這兩種觀念的衝突，有甚麼辦法去化解呢？我再舉一個自己親身經歷的事情為例，2007 年 9 月中國國家主席胡錦濤出訪澳大利亞，而早在胡主席出訪的幾個月前，中國外交部就開始忙碌了。當時擔任外交部部長助理的孔泉就來找我，因為默多克先生出身澳洲，而新聞集團也控制着澳洲、南太平洋國家以及地域五分之二主流媒體的市場份額。中國外交部就非常擔心在胡錦濤主席出訪期間，類似「藏獨」分子會在澳大利亞的報紙上打出反對的廣告，那樣就非常尷尬。孔泉代表外交部來找新聞集團溝通這個事情。但是你要知道即使在默多克的家裏，每個人的政見也是不一致的，比如默多克的大兒子拉克蘭（Lachlan Murdoch）屬於中間偏右的立場，而二兒子詹姆斯（James Murdoch）中間偏左。最近這幾年在特朗普總統執政時期，詹姆斯就曾經批評福克斯新聞的某些帶有明顯政治傾向的觀點是「有毒的」，而老大拉克蘭卻並不認為，福克斯需要調整這樣的新聞編輯路線。那麼當年拉克蘭實際上對於中方的訴求就不太重視，而詹姆斯曾經負責管理星空衛視，我當時向他彙報工作，星空衛視就在中國內地實現了成功落地。這兩個人對於中國的態度是全然不同的。2007 年那個時候怎麼處理這件事呢，大家也爭論了很久。我就找到了澳大利亞與新聞媒體相關的法律條文，跟中方解釋説，在澳大利亞按照法律的規定，媒體是不能因為政見的不同，而去拒絕一個廣告的刊登的，這是法律對於持不同政見者言論自由的一種保護措施。但是中國國家主席來到澳洲，新聞集團旗下的媒體一定會給予很大篇幅的報道，我們可以保證全面、客觀的報道。孔泉他們就理解了這件事情，因為和中國一樣，新聞媒體都要受到法律的約束。後來胡主席訪問澳洲期間，我就讓新聞集團澳洲的同事每一天都把關於胡主席的報道收集起來，整理了一套報紙給中國外交部看。類似這樣棘手的事件，我在新聞集團經手處理過太多，可以説其中的核心問題，都是如何去溝通協調，讓雙方彼此理解不同的觀念。

2003 年，默多克小兒子 James Murdoch 與劉香成等新聞集團高管，在中央黨校陪同旁聽默多克的演講「文化產業的價值」。（攝影王身敦）

武雲溥：其實最近這些年，不僅是西方媒體對中國的批評聲音佔據主流，就連香港，也有相似的狀況，這是不是有某種共通的內在原因？

劉香成：可以這麼説，近些年香港集中出現的社會矛盾，其實有同樣的因素影響。就是各種媒體傳播的內容，加上學校的教育，是有很多針對內地的批評和問題的揭示。那麼這些內容對於民眾，尤其是年輕人來講，就會讓很多人的意識裏面，對於「中國」這個概念沒有多少正向的認知，更談不上有好感。我小的時候在福建和廣東很多地方，是可以看到香港的報刊的，包括到八十年代改革開放以後，一段時期裏從香港進入內地的圖書和報刊是很多的，還有電視、電影和音樂等等豐富的文化產品。當然這些文化產品也會受到一定的管制，比如發行的範圍和種類，需要遵循內地的相關規定，比如星空衛視當時是允許我們在廣東有限的地區落地。但總體來講，這個文化產業的市場是相對開放的。開放有甚麼好處呢？就是允許一些媒體和出版機構在中國內地擁有一定的影響力，同時能夠賺到錢。當大家相互開放市場，產生利益關聯的時候，也就同時會獲得對彼此的克制力，這是顯而易見的道理。假設我要批評你，總要考慮到你這個市場的價值，對不對？可是近兩年我們看到香港的輿論場，對內地的批評聲音，幾乎是一邊倒的態勢，那就説明這種相互的克制力已經不存在了，這是值得憂慮的問題。

武雲溥：您也講過當時星空衛視在中國內地落地，同中國的 CCTV 在英國落地，都是非常不容易的，經過了許多複雜的談判。但是由於近些年來中國同歐美國家的關係緊張，在傳媒行業裏面也是摩擦不斷，甚至走到了相互制裁，對傳媒機構的運營發出禁令的地步。* 可以說過去在內容產業領域有過很多彼此開放包容的成果，如今又變得趨於保守和封閉。對此您怎麼看？

劉香成：市場的開放一定是要基於相互理解和尊重，這對於世界任何國家都一樣。2018 年有一次我對前來採訪我的記者談過，我在美聯社的老同事潘文（John Pomfret，1986 年起成為美聯社駐華記者，1998 年任《華盛頓郵報》北京分社社長，現為《華盛頓郵報》洛杉磯分社社長）說他在華盛頓看到，中國來的記者天天跑白宮和各大智庫的會議，去採訪那些發言的精英政客，中國記者似乎對美國人的日常生活毫無興趣。那麼美國記者到中國來關注甚麼呢？《華爾街日報》的記者張彤禾（Leslie T. Chang）跑到深圳和東莞採訪工廠裏的女工，張彤禾的丈夫何偉（Peter Hessler）寫書講述自己作為和平隊志願者在四川當老師的經歷。我想說為甚麼中國的記者只關心白宮呢？這和我們的教育有關係。然而對於西方媒體我同樣想說，這些年來也出現了很多不重視事實報道，而輕率發出評論觀點的情況。比如中國的經濟崛起的確讓美國為首的西方國家感受到威脅，把中國作為假想敵進行攻擊的觀點，就日漸成為西方媒體的主流，成為一種「身份政治」的表現。比方說特朗普政府聲稱中國電信企業華為生產的設備不安全，對華為進行制裁，而我們看到西方媒體對此進行調查，拿出有說服力的事實證據了嗎？並沒有。還比如香港、新疆的問題，西方媒體也是拿出民主、自由、人權的議題對中國進行批評，似乎不要看事實如何，

* 2021 年 2 月 4 日，英國通訊管理局發表聲明稱，已吊銷中國國際電視台（CGTN，其前身為中央電視台 CCTV 英語新聞頻道）在英國的落地許可。2 月 12 日，中國國家廣電總局宣佈，禁止英國廣播公司（BBC）世界新聞台繼續在中國境內落地。

只要批評中國就會獲得支持，這同樣是「舉着白旗反白旗」，排除自己不能容忍的意見。我想説媒體的職能包括事實核查和輿論監督這兩個方面，當然可以批評，但不能忽略事實，發表意見一定要建立在客觀事實的基礎之上。

武雲溥：那麼在媒體市場，或者擴大到整個文化產業，如何去化解這樣的困局呢？

劉香成：回到當年默多克在中央黨校的演講，他的題目就是《文化產業的價值》，這個演講稿子我跟他反覆修改了幾個月之久，文化產業的價值到底是甚麼呢？默多克談了很多，但最根本的在於，文化可以幫助提升一個國家和民族，在世界上的地位。通過講故事的方式，贏得別人的尊重。在我的職業生涯裏面，幫助時代華納促成《財富》全球論壇在上海落地，幫助新聞集團促成星空衛視在廣東落地，以及經手處理了大大小小的公共關係和輿論危機事件，其實都是抱有同樣的價值觀：中國和西方世界應該相互理解、開放市場、互惠互利，媒體和文化產業應該保持對彼此的影響力和克制力。我相信中國和美國這樣重要的兩個國家，不可能去徹底隔絕，無論經濟、政治、文化等方方面面，都有着千絲萬縷的聯繫。但是這需要很高的智慧，去找到彼此都能接受的、新的相處之道。

書　　名 世界不是這樣的
口　　述 劉香成
編　　著 武雲溥
責任編輯 陳幹持
美術編輯 郭志民　殷貝貝
出　　版 天地圖書有限公司
香港黃竹坑道46號
新興工業大廈11樓（總寫字樓）
電話：2528 3671　傳真：2865 2609
香港灣仔莊士敦道30號地庫（門市部）
電話：2865 0708　傳真：2861 1541
發　　行 香港聯合書刊物流有限公司
香港新界荃灣德士古道220-248號荃灣工業中心16樓
電話：2150 2100　傳真：2407 3062
出版日期 2021年9月／初版

ISBN：978-988-8550-06-7